NOVA CRIMINOLOGIA E OS CRIMES DO COLARINHO BRANCO

NOVA CRIMINOLOGIA E OS CRIMES DO COLARINHO BRANCO

Ryanna Pala Veras

SÃO PAULO 2010

Copyright © 2010, Editora WMF Martins Fontes Ltda.,
São Paulo, para a presente edição.

1ª edição 2010

Acompanhamento editorial
Helena Guimarães Bittencourt
Preparação do original
Maria Luiza Favret
Revisões gráficas
Daniela Lima
Ana Paula Luccisano
Produção gráfica
Geraldo Alves
Paginação/Fotolitos
Studio 3 Desenvolvimento Editorial

Dados Internacionais de Catalogação na Publicação (CIP)
(Câmara Brasileira do Livro, SP, Brasil)

Veras, Ryanna Pala
   Nova criminologia e os crimes do colarinho branco / Ryanna Pala Veras. – São Paulo : Editora WMF Martins Fontes, 2010.

   Bibliografia
   ISBN 978-85-7827-324-8

   1. Crimes do colarinho branco – Brasil 2. Infrações econômicas – Brasil 3. Instituições financeiras – Brasil 4. Lavagem de dinheiro – Brasil I. Título.

10-07230   CDU-343.53(81)

Índices para catálogo sistemático:
1. Brasil : Crimes do colarinho branco :
   Direito penal   343.53(81)

Todos os direitos desta edição reservados à
Editora WMF Martins Fontes Ltda.
Rua Conselheiro Ramalho, 330 01325-000 São Paulo SP Brasil
Tel. (11) 3293.8150 Fax (11) 3101.1042
e-mail: info@wmfmartinsfontes.com.br http://www.wmfmartinsfontes.com.br

SUMÁRIO

PREFÁCIO... IX
INTRODUÇÃO XI

CAPÍTULO 1. A ORIGEM DA CRIMINOLOGIA................. 1
A criminologia como ciência 1
A Escola Clássica 2
A Escola Positiva 4
Antecedentes da sociologia criminal 6
O surgimento da sociologia criminal como disciplina............ 9
A microssociologia e a macrossociologia criminal 11
Escolas microssociológicas: o indivíduo e a sociedade............ 13
   Teorias do aprendizado 13
   Teorias do controle 15
Escolas macrossociológicas.. 16
   Sociologia do consenso... 17
   Sociologia do conflito 19
      A sociologia conflitual de Dahrendorf............. 19
      O modelo marxista... 21

CAPÍTULO 2. A OBRA DE SUTHERLAND........................ 23
O surgimento dos *white collar crimes* 23
O artigo de Sutherland de 1940 25
O conceito de *white collar crime* 29
A pesquisa de Sutherland: a obra de 1949 32
As três causas da menor reação penal aos *white collar crimes*.... 34
A teoria criminológica de Sutherland: a associação diferencial. 36
A teoria da associação diferencial e os *white collar crimes* 38
Principais críticas ao conceito de Sutherland............ 42

A estagnação dos estudos dos *white collar crimes* nos anos 1960. 44
A atualidade do trabalho de Sutherland 45

CAPÍTULO 3. A TEORIA DA ANOMIA 47
O método e o objeto das teorias etiológicas 47
O crime é um fato normal à formação social 49
O artigo de 1938 de Robert Merton 50
A anomia 54
A teoria microssociológica de Merton (*strain theory*) 58
O *American Dream* 59
A criminalidade do colarinho branco e a anomia 61
A política criminal 64
Críticas 68

CAPÍTULO 4. *LABELING APPROACH* 71
A crise do paradigma etiológico 71
O interacionismo simbólico 74
O surgimento do *labeling approach* na criminologia 79
A formação e a aplicação das leis para Becker 83
As consequências da rotulação do criminoso 86
Críticas 89
A política criminal 92
Os crimes do colarinho branco: ausência de seleção 94

CAPÍTULO 5. A CRIMINOLOGIA DO CONFLITO 99
Contexto histórico-científico 99
A sociologia do conflito 102
A criminologia conflitual de Vold 104
O modelo criminológico de Turk 107
O conflito em Chambliss e Seidman 110
O conflito em Quinney 112
A política criminal 119
Críticas 122
O crime do colarinho branco na perspectiva conflitual 123

CAPÍTULO 6. A CRIMINOLOGIA CRÍTICA 127
Contexto histórico-científico 127
A macrossociologia marxista 128
O surgimento da criminologia crítica 130
A criminologia crítica na América Latina: um discurso marginal. 134

A desconstrução do sistema penal de Michel Foucault............ 135
A desconstrução do sistema penal de Alessandro Baratta........ 143
A desconstrução do sistema penal de Zaffaroni....................... 147
Bases da reconstrução da criminologia sob a perspectiva crítica.. 149
Críticas.. 155
Crimes do colarinho branco.. 157

CAPÍTULO 7. O FUTURO DO ESTUDO CRIMINOLÓGICO 163
Sobre o objeto da criminologia... 163
Os crimes do colarinho branco no paradigma etiológico......... 165
A teoria da anomia... 168
Os crimes do colarinho branco na perspectiva da reação social. 169
O *labeling approach* 170
A criminologia do conflito.. 171
A criminologia crítica.. 172
O ponto de partida.. 174

BIBLIOGRAFIA 175

PREFÁCIO

Procuradora da República, com atuação na área criminal, em São Paulo, Ryanna Pala Veras tem amplo conhecimento em criminologia, advindo de sua especialização no Instituto de Criminologia e Política Criminal, de Curitiba, bem como do *Master in Science* em *Criminal Justice Policy*, realizado na *London School of Economics*, na Inglaterra. Dessa forma, pôde conjugar neste trabalho, fruto de pesquisa aprofundada, sua extensa experiência profissional no Ministério Público Federal com os estudos afetos à criminologia.

Somente a partir do positivismo criminológico, na segunda metade do século XIX, houve a consolidação da criminologia como ciência e sua aproximação com outras áreas do conhecimento, como a psicologia, a biologia e a sociologia. O crime deixava de ser apreciado abstratamente, para ser estudado como fato humano individual, com origem na estrutura biológica e social do delinquente. Como explica Alessandro Baratta, "a reação ao conceito abstrato de indivíduo leva a Escola Positiva a afirmar a exigência de uma compreensão do delito que não se prenda à tese indemonstrável de uma causação espontânea mediante um ato de livre vontade, mas procure encontrar todo o complexo das causas na totalidade biológica e psicológica do indivíduo, e na totalidade social que determina a vida do indivíduo"[1].

O positivismo encontrou grande expoente em Enrico Ferri, autor de obra pioneira, intitulada *Sociologia criminal*, na qual pro-

---
1. Alessandro Baratta. *Criminologia crítica e crítica do direito penal*. Trad. Juarez Cirino dos Santos. Rio de Janeiro: Revan, 1997, p. 38.

punha uma responsabilidade de cunho social, decorrente da vida do homem em sociedade, fundamentada nas medidas preventivas de defesa social, em substituição à responsabilidade moral dos clássicos, alicerçada no livre-arbítrio.

Justamente no âmbito do desenvolvimento dos estudos da sociologia criminal, a partir do positivismo, a obra examina, com profundidade e visão crítica, arrimada em sólida pesquisa nacional e estrangeira, o *whiter collar crimes*, sob o olhar de Sutherland e à luz do paradigma etiológico, das teorias da anomia, do *labeling approach*, da criminologia do conflito e da criminologia crítica.

Os temas enfocados são multidisciplinares e serão, sem dúvida, de grande interesse dos estudiosos das diversas áreas das ciências humanas, principalmente direito, história, ciências sociais, filosofia e psicologia. Sem dúvida, as ideias expostas nesta obra proporcionarão debates, críticas e contra-argumentações em prol do desenvolvimento dos estudos da sociologia criminal, com resultados práticos promissores.

Finalmente, não posso deixar de registrar meu contentamento pela magnitude da obra e pela honra em prefaciá-la, bem como pela feliz e oportuna publicação pela Editora WMF Martins Fontes.

Oswaldo Henrique Duek Marques
Procurador de Justiça e professor
titular de Direito Penal da PUC-SP

INTRODUÇÃO

Os crimes do colarinho branco são um capítulo à parte na criminologia e um assunto sobre o qual ainda restam muitas dúvidas, tanto pela dificuldade de investigar suas causas pelos métodos da criminologia tradicional quanto pela resistência do sistema penal à efetiva persecução desses crimes.

Embora se saiba (ou ao menos se presuma) que os crimes, nas mais altas instâncias das atividades econômicas, ocorrem todos os dias com tanta frequência quanto os demais crimes do chamado direito penal tradicional, não aparecem diariamente nos cadernos policiais ou nos telejornais. Quando um grande escândalo financeiro é deflagrado, porém, são enormes os prejuízos que gera à sociedade como um todo, e o que permanecia oculto adquire grande visibilidade.

A criminalidade da classe alta tornou-se uma preocupação acadêmica nos finais do século XIX e início do século XX, época em que o desenvolvimento do sistema capitalista e a expansão industrial muitas vezes eram alcançados mediante práticas ilícitas, em detrimento da ordem econômica, do sistema financeiro, do meio ambiente e dos consumidores.

Edwin Sutherland, o primeiro sociólogo a escrever uma obra específica sobre essa forma de criminalidade, denominou de *white collar crimes* os delitos cometidos por pessoas de respeitabilidade e alto *status* social no curso de sua atividade profissional. Criou um conceito sociológico, aberto, mas que destaca os dois principais aspectos desses delitos: o prestígio social de seus autores e a finalidade profissional do comportamento.

Sutherland realizou uma pesquisa a respeito da maneira específica como se operava a reação social nesses casos. Constatou que a punição de tais condutas, quando ocorria (acreditava que em menos de cinquenta por cento dos casos), se dava na esfera civil ou administrativa, sem o caráter estigmatizante do processo e da condenação criminal. Analisou também como o poder econômico, a boa reputação e a influência política de seus agentes dificultavam a persecução de tais condutas de uma forma geral.

Essas preocupações seguem presentes na atualidade, pois ainda se verifica uma lacuna na resposta do sistema penal a tais delitos, os quais, no entanto, continuam a ocorrer, embora pouco se saiba a respeito deles.

A criminologia não pode limitar-se a analisar dados estatísticos da justiça criminal que não representam a real proporção da ocorrência de delitos na sociedade. Deve a ciência, se quiser ser ciência e não repartição anexa aos tribunais penais ou à Administração Pública, buscar as verdadeiras razões dessa falha na reação social aos crimes do colarinho branco.

Por essa razão, esta obra propõe-se fazer uma incursão na criminologia, analisar o que as diversas teorias têm a dizer sobre o crime do colarinho branco na perspectiva da sociologia criminal. Por que da sociologia criminal e não da psicologia? A razão é simples: o conceito de "crimes do colarinho branco" nasceu no seio da sociologia e, por isso, sofreu grande influência de elementos sociológicos em sua configuração. Ao final, o dilema da criminologia sociológica contemporânea será revelado, e com ele virá a necessária tomada de posição a respeito do objeto e do método a serem seguidos nas pesquisas criminológicas sobre os crimes do colarinho branco.

O crime existe em qualquer sociedade, e o conhecimento de como uma sociedade funciona pode trazer muitas informações sobre a criminalidade que nela ocorre.

CAPÍTULO 1. A ORIGEM DA CRIMINOLOGIA

A CRIMINOLOGIA COMO CIÊNCIA

A criminologia, que pode ser definida, genericamente, como a ciência que investiga o crime de um ponto de vista não normativo, tem como primeira e talvez mais importante característica a interdisciplinaridade. Isso significa que ela se vale tanto dos métodos quanto das conclusões de outras ciências, como a psicologia, a sociologia, a biologia e a antropologia. Essa característica por muito tempo foi um obstáculo a seu reconhecimento como ciência autônoma, dotada de método e objeto próprios. De qualquer modo, sendo o crime um fenômeno histórico e cultural, produzido no seio da sociedade e pela ação de indivíduos, estaria comprometida qualquer pretensão a uma "criminologia pura", alheia às colaborações de outras ciências naturais e humanas que se ocupam da delinquência – mesmo porque isto seria uma ficção.

Ao mesmo tempo que a criminologia possibilita essa abertura científica – e talvez por isso mesmo –, cada vez mais se percebe a dificuldade ou até a impossibilidade de elaboração de uma teoria única, de aplicação incondicional e geral, que dê conta de descrever e explicar a totalidade dos crimes, bem como de fundamentar políticas criminais abrangentes. Para tanto, seria necessário identificar um núcleo explicativo comum a todos os crimes, o que ainda não foi alcançado – e talvez não exista.

O crime, por ser uma conduta humana (des)valorada, sempre terá duas dimensões igualmente importantes: a dimensão objetiva (social) e a dimensão subjetiva (psíquica). Assim como a sociedade pode proporcionar condições mais ou menos favoráveis ao cometimento do delito, a resposta individual a tais condições só pode ser compreendida de forma plena com base na consciência de cada homem. Nem todo indivíduo absorve e responde da mesma maneira a pressões sociais. Segue-se, portanto, que a forma individual de reação a estímulos gerados na organização social só pode ser compreendida por meio do estudo do funcionamento do aparelho psíquico e das experiências vivenciadas por cada sujeito. Esse estudo se realiza sobretudo no âmbito da psiquiatria, ou criminologia psicanalítica.

Este livro pretende exatamente identificar qual é a metodologia mais adequada ao estudo dos crimes do colarinho branco em sua dimensão objetiva. Não se nega a existência de uma dimensão subjetiva, psíquica, interior ao indivíduo que pratica o crime, nem a legitimidade dos estudos da criminologia psicanalítica também no caso dos crimes do colarinho branco. Apenas se optou por se concentrar no grande debate da sociologia a respeito da criminalidade do *white collar*.

Entretanto, antes de ingressar na abordagem criminológica dos crimes do colarinho branco realizada pelas modernas teorias sociológicas, convém situar o contexto histórico em que a sociologia passa a integrar o universo da investigação criminológica e, então, expor os principais postulados das diversas escolas que desenvolvem essa pesquisa até hoje.

A Escola Clássica

O direito penal surgiu praticamente com a organização do homem em sociedade. Por muito tempo o crime foi encarado, do ponto de vista sobrenatural, como uma manifestação demoníaca, ou, sob a ótica moral e religiosa, como um comportamento pecaminoso.

O abandono da concepção metafísica e a secularização do estudo do crime só veio a ocorrer no século XVIII, sob a influência da filosofia iluminista, com a chamada Escola Clássica. Seu precursor foi o italiano Cesare Bonesana, o marquês de Beccaria, que em 1764 publicou a consagrada obra *Dos delitos e das penas*. Esse livro constitui a primeira reflexão moderna sobre o problema do crime, a qual posteriormente foi desenvolvida, nos séculos XVIII e XIX, por autores como o alemão Paul Johann von Feuerbach, o inglês Jeremy Bentham, o italiano Francesco Carrara (1805-88), entre outros. Devido a essa racionalização da visão do crime e a seu estudo organizado por um grupo ideologicamente homogêneo, costuma-se chamar de Escola Clássica esse ponto de partida para o estudo da criminologia.

A preocupação central da criminologia, nesse primeiro momento, consistia em procurar uma resposta para a questão: por que o homem comete crimes?

Para a Escola Clássica, o crime era uma entidade de direito, uma realidade jurídica. Seu conteúdo não era posto em questão. A criminologia apenas recebia o conteúdo que lhe davam as leis penais. O homem era tido como um sujeito que age de forma racional, motivado pela busca de maior prazer e menor sofrimento.

Tendo por base a filosofia iluminista, a Escola Clássica entendia que todos os indivíduos são iguais, têm livre-arbítrio e controle sobre suas ações. A ação criminosa seria produto da liberdade de decisão do homem. Desse modo, a pena deveria superar as vantagens que a prática do delito trazia a seu autor. Beccaria, por exemplo, defendia uma ideia que veio a ser plenamente desenvolvida por Bentham:

> Por mais de um século o pensamento da Escola Clássica predominou no cenário acadêmico e até hoje exerce influência na criminologia. Por exemplo, fornece a base para modernas teorias do desencorajamento (*deterrence theories*), da escolha racional (*rational choice*) e da rotina (*routine activities*) que, assumindo os pressupostos teóricos da racionalidade do comportamento e da ponderação de custos e benefícios, destaca a importância do

papel das penas – em especial de sua celeridade e severidade – como meio de prevenção de crimes.[1]

A Escola Positiva

A Escola Clássica teve seus postulados fortemente contestados pela Escola Positiva italiana no final do século XIX. As críticas foram impulsionadas pelo fracasso das reformas penais realizadas no período, de influência clássica, que não impediram o aumento da criminalidade e da reincidência. Houve também influência do desenvolvimento das ciências naturais, principalmente da teoria da evolução de Charles Darwin, que fundamentaram uma nova resposta ao problema criminológico.

A Escola Positiva surgiu em 1876, quando foi publicada a obra *O homem delinquente*, escrita pelo seu principal representante, o médico italiano Cesare Lombroso. Foi com essa escola que surgiu a chamada criminologia científica como uma disciplina propriamente dita, estruturada segundo a metodologia das ciências naturais. Ao lado de Lombroso, seus principais representantes foram Enrico Ferri e Rafael Garofalo. Cada um desses autores desenvolveu a criminologia científica a partir de uma área do saber diferente, ou seja, respectivamente, a antropologia, a sociologia e a psicologia. Foi Garofalo que publicou pela primeira vez, em 1885, uma obra com o título *Criminologia*, embora o vocábulo já tivesse sido empregado em 1879 pelo antropólogo francês Topinard[2].

Para a Escola Positiva, o delito não era então visto como uma entidade meramente jurídica, mas como um fenômeno natural, cujo conteúdo ontológico era produto de um complexo de cau-

---

1. Os principais autores que desenvolveram essa concepção foram os economistas Gary Becker nos anos 1970 (criador da *deterrence theory*) e, atualmente, Mark Stafford e Mark Warr (com uma atualização da *deterrence theory* de Becker), Derek B. Cornish e Ronald V. Clarke (*Crime as a Rational Choice Theory*) e Lawrence Cohen e Marcus Felson (*Routine Activity Theory*).
2. Roberto Lyra e João Marcelo de Araújo Jr., *Criminologia*: de acordo com a Constituição de 1988, p. 3.

sas de caráter biológico, psicológico e social que agiam sobre o indivíduo. Negava o livre-arbítrio e seus pressupostos, pois entendia que, assim como acontecia com os fenômenos da natureza, havia determinismo no comportamento dos indivíduos. Se a regularidade observada na natureza pudesse ser encontrada no comportamento humano, existiria previsibilidade e alguma chance de prevenir com eficácia o crime se fossem conhecidas as causas do comportamento desviante. A Escola Positiva assume o pressuposto teórico da regularidade/previsibilidade da conduta humana e, com base nele, desenvolve suas teorias.

A atenção dos criminólogos passou então a ser a pessoa do delinquente e a busca das causas do crime em sua anormalidade constitutiva. Para Lombroso[3], essa anomalia era de natureza biológica/antropológica e constituía manifestação de características de antecessores primitivos em estado selvagem (atavismo), enquanto Ferri[4] sustentava ser de natureza social a causa. Já Garofalo[5] estudava o elemento psicológico que levava à quebra dos sentimentos básicos e universais da sociedade.

Embora hoje os estudos da Escola Positiva, e particularmente de Lombroso, sejam vistos com preconceito e até mesmo considerados inocentes, em 1876 foram os maiores responsáveis pelo desenvolvimento do conceito de causalidade naturalística para o direito penal. Até então a causalidade, em um resíduo pré-moderno do direito penal, era considerada simples produto da vontade divina, devido à forte influência religiosa que imperou por toda a Idade Média e que, apesar dos esforços da Escola Clássica, avançou até o início da modernidade no direito penal. A superação da concepção metafísica por um conceito científico proporcionou a evolução de toda a dogmática penal do século XX.

O principal legado da Escola Positiva, entretanto, foi a reivindicação da neutralidade axiológica da ciência e da unidade do método empírico-indutivo para comprovar suas proposições.

---

3. *L'Homme criminel*, passim.
4. *Sociologie criminelle*, passim.
5. *Criminologia*, passim.

Assim, independentemente do conteúdo antropológico, psicológico ou sociológico das hipóteses testadas, o que caracteriza um estudo como positivista é a utilização do método indutivo para comprovar os postulados do determinismo e do homem delinquente como anormal. Essa metodologia, como será exposto no capítulo 3, é a base de toda a criminologia etiológica, modelo talvez predominante da ciência criminal que se realiza hoje.

A Escola Positiva tradicional, centralizada na figura do indivíduo delinquente, ainda exerce muita influência na América Latina. Rosa Del Olmo, ao analisar de maneira comparada a prática da criminologia em todos os países da América Latina, afirma que "predomina uma concepção de sociedade dividida em 'normais' (os que cumprem a lei) e 'outros', que têm que ser anormais porque não acatam as normas da sociedade e particularmente a lei"[6].

Uma reformulação moderna e mais sofisticada das teorias biológicas positivistas surgiu recentemente na literatura criminológica. Remete principalmente a estudos médicos que buscam associar certos traços genéticos e até não genéticos (tabagismo, alcoolismo, uso de entorpecentes) a tendências para a prática de determinadas espécies de delitos[7].

Assim, mesmo que Lombroso, Ferri e Garofalo sejam vistos com desconfiança e até com certo desprezo pelos criminólogos contemporâneos, sua contribuição para o desenvolvimento da criminologia não pode ser ignorada.

ANTECEDENTES DA SOCIOLOGIA CRIMINAL

As primeiras manifestações da sociologia criminal aconteceram já na metade do século XIX, representadas principal-

---

6. *A América Latina e sua criminologia*, p. 287.
7. A respeito, Lee Elis e Anthony Walsh elaboraram teoria genética para tentar explicar tendências para crimes de natureza sexual; e David Rowe explica como podem ocorrer influências de fatores biológicos, como serotonina, neurotransmissores e hormônios, respectivamente, em "Gene-based Evolutionary Theories in Criminology" e "Does the Body Tell?", in Francis Cullen e Robert Agnew, *Criminological Theory*: Past to Present, pp. 48-72.

mente pelos trabalhos de Alexandre Lacassagne, Gabriel Tarde e Émile Durkheim, embora sua expansão tenha sido contida pelo predomínio da Escola Positiva italiana nesse período. A sociologia criminal entendia não estar no sujeito, mas na sociedade, a causa da criminalidade.

A primeira corrente sociológica que se desenvolveu foi a chamada sociologia do consenso. Essa corrente vê a sociedade de forma estática, considerando-a um sistema estável, equilibrado, fechado em si mesmo e tendente à conservação. Baseia-se na premissa de que a sociedade e seus organismos mantêm-se pelo consenso de seus membros em torno de valores comuns tidos como relevantes para toda a coletividade. A sociedade (estrutura maior) é formada de um conjunto de estruturas (sistema educacional, jurídico, familiar, cultural etc.) que atuam de forma harmônica, cada uma com uma função específica no todo.

Foram as obras de Durkheim que lançaram as bases da sociologia criminal consensual desenvolvida no século XX, e este certamente foi um dos autores mais influentes no universo da criminologia contemporânea. Suas principais obras são: *Da divisão do trabalho social* (1893), *As regras do método sociológico* (1895) e *O suicídio* (1897).

Em *Da divisão do trabalho social*, Durkheim define a sociedade como um organismo vivo, dotado de vontade e protetor de valores morais de solidariedade essenciais ao desenvolvimento de toda a comunidade. Essa solidariedade baseia-se no fato de que certo número de estados de consciência é comum a todos os membros de uma mesma sociedade e aceito por todos de forma consensual. Nesse contexto, Durkheim tenta conceber um conceito sociológico de crime, em substituição a um conceito puramente jurídico; define o ato como criminoso quando ofende os estados fortes e definidos da consciência coletiva. Ou seja, o crime ofenderia os sentimentos comuns à média dos indivíduos da mesma sociedade, de maneira intensa e determinável por regra clara e precisa[8].

---

8. Émile Durkheim, *Da divisão do trabalho social*, p. 50.

Mas é na obra *As regras do método sociológico* que se encontra uma das mais importantes contribuições de Durkheim: a concepção do crime como um fator de funcionalidade de toda e qualquer sociedade, e não uma patologia, como era considerado até então. Ele constata que em qualquer sociedade, de qualquer tipo e de qualquer época, haverá crime. As taxas de criminalidade até mesmo aumentam com a evolução das sociedades. Entende que não há fenômeno que apresente de maneira mais irrecusável todos os sintomas da normalidade, uma vez que aparece estreitamente ligado às condições de toda a vida coletiva. Nesse contexto, o crime pode ainda apenas ser considerado patológico quando atinge taxas anormais. No entanto, para Durkheim, é normal a existência de uma criminalidade que atinja, mas não ultrapasse, certo nível. Considera que o crime, ainda que lamentável, é inevitável. É uma condição de saúde pública – parte de uma sociedade sã[9].

Para Durkheim, portanto, o crime seria um fato social normal – e este será o ponto de partida de todas as escolas macrossociológicas, que basearão seus estudos sobre a criminalidade nas próprias instituições sociais.

Por fim, em *O suicídio*, Durkheim toma o conjunto de suicídios como um fato social, ou seja, abstrai do evento toda a individualidade e realiza um estudo a partir do conjunto de suicídios em determinadas sociedades. Analisa como a estrutura social influencia as taxas de suicídios em determinados períodos nessas sociedades. E demonstra, por meio de estatísticas, que tal perspectiva permite identificar causas estritamente sociais para os suicídios, examinados somente como um fato social.

> De fato, se ao invés de enxergá-los (os suicídios) apenas como acontecimentos particulares, isolados uns dos outros e cada um exigindo um exame à parte, considerarmos o conjunto de suicídios cometidos numa determinada sociedade durante uma determinada unidade de tempo, constataremos que o total assim obtido não é uma simples soma de unidades independentes, uma

---

9. Idem, *As regras do método sociológico*, pp. 60-9.

coleção, mas que constitui por si mesmo um fato novo e *sui generis*, que tem sua unidade e sua individualidade, por conseguinte sua natureza é eminentemente social.[10]

Baseado principalmente nas estatísticas, Durkheim abre a possibilidade de estudar também o crime a partir da estrutura social, como um fato social normal, sem analisar o homem individualmente[11].

O SURGIMENTO DA SOCIOLOGIA CRIMINAL COMO DISCIPLINA

A primeira teoria propriamente sociológica formulada no âmbito da criminologia, ou seja, uma teoria voltada exclusivamente para a explicação do crime, foi a denominada teoria ecológica ou Escola de Chicago. Este nome se deve ao surgimento da sociologia como disciplina e a seu grande desenvolvimento na Universidade de Chicago, nos Estados Unidos, principalmente nas três primeiras décadas do século XX. A Universidade de Chicago estabeleceu-se em 1891 e foi a primeira universidade americana a ter um departamento de sociologia, fundado em 1892.

A Escola de Chicago surgiu como uma crítica às teorias de perspectiva individual. Influenciou-se pela industrialização dos Estados Unidos e pela mudança radical de seu espaço urbano. Essa transformação, segundo a Escola de Chicago, estava intimamente relacionada à criminalidade. Dessa forma, sua com-

---

10. Idem, *O suicídio*: estudo de sociologia, p. 17.
11. Enrico Ferri, embora esteja associado à Escola Positiva, em sua obra *Sociologie criminelle* chegou praticamente às mesmas conclusões de Durkheim, partindo, porém, de influências diferentes (Comte, Spencer, Darwin). Analisou diversos dados estatísticos e ligou o fenômeno criminal mais à estrutura social do que ao próprio indivíduo. Entretanto, jamais teve afinidades ideológicas com a mencionada escola sociológica da criminologia. Chegou, inclusive, ao lado de Lombroso, a travar calorosos debates com Lacassagne e Tarde, da escola sociológica, nos Congressos Internacionais de Antropologia Criminal – principalmente no 3º, realizado em Bruxelas, em 1892. Feitas essas ressalvas necessárias, pode-se afirmar que Ferri foi o verdadeiro precursor da sociologia criminal.

preensão dependia de um estudo de forças externas ao indivíduo, sobretudo ligadas à área geográfica onde viviam os criminosos, que, pelas condições precárias de organização, gerava uma proliferação do crime.

A cidade de Chicago em 1890 contava com um milhão de habitantes e, em apenas vinte anos, teve este número duplicado. Além disso, foi o centro de imigração de uma diversidade de grupos étnicos: afro-americanos do sul dos Estados Unidos, alemães, ingleses, irlandeses, escandinavos, judeus, poloneses e italianos[12]. Esses novos habitantes obtinham empregos e se estabeleciam nas sombras das indústrias erguidas no centro da cidade, em bairros pobres, poluídos, sob condições precárias e superlotação[13].

Seus principais representantes, entre os muitos teóricos, foram Ernest Burgess, Clifford R. Shaw e Henry D. McKay.

Burgess, em sua obra *The Growth of the City* (1925), sustentava que a área urbana cresce em um processo contínuo de expansão do centro para o exterior. Para demonstrar sua teoria, apresentou um mapa de Chicago e sobre ele traçou cinco círculos concêntricos. Ao círculo menor, que correspondia ao centro comercial e bancário da cidade, Burgess denominou Zona I; a área imediatamente no entorno desse primeiro círculo denominou Zona II. Era nessa área que se concentrava a criminalidade[14].

Já Shaw e McKay realizaram trabalho estatístico abrangendo mais de dez anos na área geográfica de Chicago, para o estudo da delinquência juvenil, apresentado na obra *Juvenile Delinquence and Urban Areas* (1942). Coletaram dados estatísticos de criminalidade e os distribuíram sobre os círculos concêntricos de Burgess. Como resultado, verificaram a predominância da criminalidade juvenil, em nível estável no tempo, na Zona II. Concluíram que eram as características da área, e não de seus

---
12. Francis Cullen e Robert Agnew, op. cit., p. 95.
13. Esses "bairros" receberam a denominação em inglês de *slum*, palavra ainda sem correspondente em português, mas algo próximo de gueto e favela.
14. Ernst Burgess, *The Growth of the City*, Chicago: University of Chicago Press, 1967, pp. 47-62, apud Francis Cullen e Robert Agnew, op. cit., p. 96.

habitantes, que determinavam o nível de delinquência – já que a movimentação dos imigrantes era constante. O que causava a delinquência era a desorganização social, ou seja, um rompimento entre as instituições oficiais da sociedade e a comunidade. Na Zona II, as famílias eram desestruturadas, as escolas eram desorganizadas, o atendimento religioso era escasso, o lazer quase inexistente, e os grupos políticos eram poucos influentes. Quando ocorria esse rompimento, os adultos não conseguiam controlar os jovens, que tinham contatos com criminosos mais velhos que lhes transmitiam os valores do crime[15].

A organização da comunidade (principalmente a Zona II), para Shaw e McKay, poderia gerar a diminuição da criminalidade juvenil. Eles criaram, em 1930, um projeto (Chicago Area Project) que envolvia programas de recreação, revitalização do espaço físico do bairro e um trabalho integrado com a justiça criminal para acompanhamento dos jovens, com a utilização de membros da comunidade para aconselhá-los[16].

Hoje, continua-se a acreditar que existe uma conexão importante entre o fenômeno urbano e a delinquência, embora a sociedade tenha se tornado mais complexa e tais influências tenham assumido novas formas[17]. É por tal razão que medidas como o projeto de Shaw e McKay ainda hoje encontram grande respaldo na formulação da política criminal.

A MICROSSOCIOLOGIA E A MACROSSOCIOLOGIA CRIMINAL

A partir do surgimento da Escola de Chicago, o estudo da sociologia criminal dividiu-se em duas vertentes: a microssociologia, ou escolas psicossociológicas, e a macrossociologia criminal.

---

15. Clifford Shaw e Henry Mckay, *Juvenile Delinquency and Urban Areas*, p. 78.
16. Francis Cullen e Robert Agnew, op. cit., p. 104.
17. Cf. Teresa Caldeira, *Cidade de muros*: crime, segregação e cidadania em São Paulo, e Wagner Cinelli de Paula Freitas, *Espaço urbano e criminalidade*: lições da escola de Chicago.

As teorias psicossociológicas ou microssociológicas estudam o problema do crime sob a perspectiva do indivíduo em interação com o meio social. A sociedade cria as condições para o desvio (o espaço geográfico, a pressão por sucesso, a falta de oportunidades etc.), e a microssociologia estuda como essas condições atuam no indivíduo, de forma particular. Encontram a predeterminação do crime no sujeito. Analisam as formas de transmissão do comportamento criminoso e as motivações sociais que levam um indivíduo a delinquir. São teorias que abandonaram a variante puramente individualista (biológica) e consideram importante a influência da sociedade sobre o homem, enfatizando a formação, os valores e os contatos sociais. A linha de pesquisa microssociológica é a predominante nos Estados Unidos[18].

A segunda linha de pesquisa da sociologia, a perspectiva macrossociológica, detém-se na estrutura social, não considerando o indivíduo como objeto de seu estudo. Considera a própria "sociedade criminógena" seu objeto de estudo. O crime é tomado como um fato puramente social, produto da atuação das estruturas sociais, sem referência a condições individuais. Assim, o objeto de estudo da macrossociologia não é o indivíduo, mas o funcionamento da sociedade por si só.

A macrossociologia criminal se subdivide em duas vertentes de estudos: uma voltada ao paradigma etiológico e outra, ao paradigma da reação social.

A macrossociologia etiológica tem por objeto a compreensão das causas do crime, como um dado ontológico, resultante das estruturas sociais.

A macrossociologia da reação social analisa, de outro lado, o processo de criminalização realizado pelos órgãos da persecução penal. Entende o crime como uma realidade construída pelo homem (e não ontológica), que é criada e recriada por um processo de e interpretação e seleção de condutas. Atribui ao fenômeno da criminalização uma natureza política – no sentido de exercício do poder.

---

18. Francis Cullen e Robert Agnew, op. cit., p. 131.

É a macrossociologia, principalmente sob a perspectiva da reação social, a forma predominante dos estudos criminológicos desenvolvidos na Europa na segunda metade do século XX[19].

Escolas microssociológicas: o indivíduo e a sociedade

Teorias do aprendizado

Sob essa denominação reúne-se um grupo de teorias que entende que uma pessoa se torna criminosa por meio da aprendizagem dentro da sociedade. O aprendizado do delito se dá da mesma forma pela qual a pessoa aprende qualquer tipo de comportamento lícito.

A primeira e mais importante teoria da aprendizagem foi a da associação diferencial.

Exposta em um artigo chamado "A Theory of Differencial Association" de Sutherland em 1939, em seu livro *Principles of Criminology*, buscou explicar as razões pelas quais os vários fatores analisados pela Escola de Chicago (classe social, lares desestruturados, raça, localização urbana etc.) se relacionavam com o crime. Entendeu que tal relação se dava pela existência de um processo de aprendizagem. Para Sutherland, o comportamento criminoso não era herdado nem determinado por fatores fisiológicos: era simplesmente aprendido, como qualquer outro comportamento. Nesse artigo, o autor elaborou nove proposições que tentavam explicar como acontece a transmissão do comportamento criminoso[20] (que serão expostas no capítulo 2). Nessa visão, o delito é uma conduta aprendida na interação entre as pessoas, principalmente as mais próximas (pais, amigos). Por meio da interação são ensinadas as técnicas

---

19. Cf., por exemplo, Winfred Hassemer e Francisco Munõz Conde, *Introducción a la criminología*; Jorge de Figueiredo Dias e Manoel da Costa Andrade, *Criminologia*: o homem delinquente e a sociedade criminógena; Antonio García-Pablos de Molina, *Tratado de criminología*.
20. In: Francis Cullen e Robert Agnew, op. cit., pp. 131-5.

de cometimento de delitos e são reforçados os argumentos favoráveis à violação da lei. Um indivíduo se torna criminoso principalmente porque está fortemente exposto a motivações, tendências, racionalizações e atitudes que convergem para o crime. E é o ambiente em que ele vive que propicia tais contatos.

Essa teoria teve grande influência nos Estados Unidos e suas recentes reformulações predominam na explicação da criminologia juvenil norte-americana[21].

Gresham M. Sykes e David Matza também entendiam que o comportamento criminoso era produto de aprendizagem. Afirmavam que surgia a motivação para o crime pela consideração prioritária de argumentos favoráveis a seu cometimento. No entanto, resolveram desenvolver o conceito de argumentos favoráveis, sugerido por Sutherland. Em 1957 Sykes e Matza escreveram o artigo "Techniques of Neutralization". Para eles, ao contrário do que se entendia na época, o criminoso não aprovava seu próprio comportamento; sabia que contrariava valores da classe média. No entanto, criava mecanismos psicológicos de justificação de suas atitudes, que as tornavam válidas para ele, mas não para o restante da sociedade. Esses mecanismos foram chamados por Sykes e Matza de "técnicas de neutralização". Podiam ser justificativas de várias naturezas, tais como: a) exclusão da própria responsabilidade: o delinquente entende que seus atos se devem a forças externas e fora de seu controle, como falta de amor paterno, más companhias (uma intencional alienação do *self*); b) negação da ilicitude: quando o delinquente entende haver em sua atitude apenas *mala prohibita* (atos considerados maus apenas porque são vedados pelo direito positivo, não intrinsecamente imorais), e não *mala in se* (atos essencialmente maus, ou seja, contrários a princípios morais e jurídicos, independentemente de serem proibidos pelo direito: vandalismo como protesto, furto como empréstimo, agressões como problemas privados); c) ne-

---

21. Atualmente, a clássica teoria da aprendizagem de Sutherland é defendida pela moderna teoria do *social learning*, do sociólogo norte-americano Ronald Akers, que acrescentou a ela alguns princípios gerais da teoria comportamental presentes no contato entre o jovem e o criminoso, com suporte em pesquisas mais recentes. Cf. Ronald Akers, *Criminological Theories:* Introduction and Evaluation, passim.

gação da vitimização: o criminoso entende que a vítima merece o tratamento sofrido (mau patrão, homossexual, prostituta); d) a condenação dos que condenam: um ataque às instâncias de controle social (poder corrupto, justiça lenta); e) apelo a valores morais superiores de seu grupo social, irmandade, gangues[22].

Teorias do controle

As teorias do controle são teorias microssociológicas desenvolvidas por Walter C. Reckless e Travis Hirschi.

Reckless, autor da obra *The Crime Problem* (1961), acreditava que havia uma série de condições favoráveis ao cometimento de delitos a que estavam expostos os indivíduos, alguns mais, outros menos, em razão do bairro em que viviam. Esses apelos atuavam de forma diferente sobre cada pessoa. Tudo dependia, na verdade, do controle de cada um, que pode ser externo ou interno. O controle externo se assemelha ao controle social informal, forte nas comunidades organizadas. Nas comunidades desorganizadas, onde o controle externo é fraco, predomina o controle interno, ou seja, crenças pessoais, comprometimento com objetivos lícitos, autoconceito de honestidade, habilidade para não absorver as pressões, uma forte consciência, entre outras coisas. Esses fatores permitem que uma pessoa diga "não" quando surge a oportunidade de ingressar no mundo do crime. Portanto, a prevenção do crime ocorreria ainda na fase da infância, com uma educação eficiente[23].

Hirschi, na obra *Causes of Delinquency* (1969), ao contrário de seus antecessores, defendia que o homem sempre busca vantagens, e o crime, com frequência, é um meio fácil de obtê-las. Para ele, uma teoria criminológica não precisa explicar as razões que atraem o homem ao crime, pois elas são evidentes. Necessita, sim, explicar a razão pela qual algumas pessoas re-

---

22. Gresham M. Sykes e David Matza, Techniques of Neutralization, in: Francis Cullen e Robert Agnew, op. cit., pp. 138-41.
23. Walter C. Reckless, "Containment Theory", in: Francis Cullen e Robert Agnew, op. cit., p. 227.

sistem e não cometem crimes. E essa razão está no controle que a sociedade exerce sobre esses indivíduos. É a variação no controle, e não na motivação, que explica a razão de algumas pessoas cometerem crimes e outras não. Ao contrário de Reckless, Hirsch não se fixou nos controles internos, mas na influência da sociedade no controle do instinto criminoso. Controles fracos causam crimes. Ele afirmava que havia quatro elementos de controle social: a) o apego (*attachment*): ligação entre os jovens e seus colegas, seus professores e principalmente seus pais, que faz com que o indivíduo se preocupe com o que vão pensar dele; b) o empenho (*commitment*): envolvimento com o estudo e a educação; c) o envolvimento (*involvement*): realização de atividades convencionais, paralelas à educação, que preenchem o dia dos jovens; d) a crença (*belief*): concordância no cumprimento da lei em benefício da sociedade[24].

As teorias do controle são estudadas predominantemente nos Estados Unidos, ao lado das teorias da aprendizagem e da pressão (que será exposta no capítulo 3).

ESCOLAS MACROSSOCIOLÓGICAS

As escolas macrossociológicas têm por objeto o estudo do papel da sociedade na produção do crime. Essas teorias descrevem as instituições que formam a sociedade e como seu funcionamento induz os indivíduos a ter comportamentos criminosos.

As principais teorias macrossociológicas são a teoria da anomia, o *labeling approach*, a criminologia do conflito e a criminologia crítica.

O estudo macrossociológico foi responsável pela ampliação do objeto da criminologia. As primeiras escolas macrossociológicas (ecológica e anomia) tinham como pressuposto um conceito ontológico de delito e a sociedade como um organismo estável, com valores próprios. O crime e a sociedade eram

---

24. Travis Hirschi, "Social Bond Theory", in: Francis Cullen e Robert Agnew, op. cit., p. 231.

conceitos estáticos. Após o *labeling approach*, que introduziu o paradigma da reação social, algumas teorias (conflitual e crítica) passaram a entender o crime como um conceito dinâmico, construído pela seleção de comportamentos e sua interpretação, realizada pelos órgãos estatais de reação social. Houve, assim, uma alteração no estudo da criminologia para alcançar os órgãos e o processo de seleção, interpretação e definição das condutas criminosas. A perspectiva da reação social estuda a sociedade em movimento, com valores em constante conflito, em que o próprio conteúdo das condutas criminalizadas é questionado.

Hoje a macrossociologia abrange as duas linhas de estudo mencionadas, distintas em seus pressupostos: a sociologia do consenso e a sociologia do conflito.

Sociologia do consenso

A sociologia do consenso, como exposto anteriormente, foi o primeiro modelo abstrato de sociedade a tratar do fenômeno do crime. Seu surgimento, no final do século XIX, marca o nascimento da sociologia como ciência autônoma. Os principais responsáveis pelo desenvolvimento dessa concepção foram Émile Durkheim, Talcott Parsons e Robert King Merton.

Nesse modelo, a sociedade é vista como um organismo próprio, formado por indivíduos que se reúnem voluntariamente em torno de um conjunto de valores tidos por todos como fundamentais à vida em comum. Baseia-se na harmonia e no equilíbrio das relações entre seus membros.

Durkheim entende que a sociedade tem valores comuns à média dos cidadãos, e é para defender esse sentimento coletivo que os crimes são definidos. A sociedade é um organismo estável internamente, pois agrega valores homogêneos. Esse organismo é de tal forma independente que detém, assim como um ente distinto, uma consciência coletiva. O autor afirma:

> O conjunto das crenças e dos sentimentos comuns à média dos membros de uma mesma sociedade forma um sistema determinado que tem sua vida própria; poderemos chamá-lo *cons-*

ciência coletiva ou comum. Sem dúvida, ela não tem por substrato um órgão único; é, por definição, difusa em toda a extensão da sociedade; mas tem, ainda assim, características específicas que fazem dela uma realidade distinta. De fato, ela é independente das condições particulares em que os indivíduos se encontram: eles passam, ela permanece. É a mesma no Norte e no Sul, nas grandes e nas pequenas cidades, nas diferentes profissões. Do mesmo modo, ela não muda a cada geração, mas liga umas às outras as gerações sucessivas. Ela é, pois, bem diferente das consciências particulares, conquanto só seja realizada nos indivíduos. Ela é o tipo psíquico da sociedade, tipo que tem suas propriedades, suas condições de existência, seu modo de desenvolvimento, do mesmo modo que os tipos individuais, muito embora de outra maneira.[25]

Talcott Parsons também trabalha com um modelo estático, de equilíbrio na sociedade. Sua teoria possui caráter altamente abstrato, pois descreve as relações sociais por meio de símbolos e papéis sociais. Tentou abandonar o empirismo e desenvolver uma metodologia própria para as ciências sociais, baseada no funcionamento de subsistemas e seus códigos. O sistema social, para ele, orienta-se por valores institucionalizados (e, portanto, uniformes) que definem a forma e a profundidade da solidariedade existente entre seus membros[26].

Robert K. Merton, que foi aluno de Talcott Parsons, elaborou a teoria da anomia, que será analisada no capítulo 3. Sua teoria da análise funcional parte de três postulados: a) a unidade funcional da sociedade, que consiste em uma harmonia interna de todas as partes dela; b) o funcionalismo universal, que afirma haver uma função positiva em todas as estruturas sociais, ou seja, todo objeto, todo tipo de civilização tem uma função vital dentro do todo; c) a indispensabilidade de todas as estruturas estabelecidas como parte operacional do todo social[27].

---

25. Émile Durkheim, *Da divisão do trabalho social*, p. 50.
26. Talcott Parsons, "The Social System", in: Ana Maria de Castro e Edmundo Fernandes Dias (orgs.), *Introdução ao pensamento sociológico*, p. 27.
27. Robert K. Merton, *Social Theory and Social Structure*, pp. 25-36.

A sociologia do consenso fornece o fundamento teórico para o desenvolvimento da teoria criminológica da anomia, que será analisada no capítulo 3.

Sociologia do conflito

A sociologia do conflito enxerga a sociedade de forma dinâmica, ou seja, considera que ela se define por sua permanente instabilidade. A coesão social e a ordem não são mantidas por um acordo universal entre seus membros, mas pela coerção. Há uma constante disputa interna pelo poder, e a aparente ordem estabelecida nada mais é do que o reflexo do modelo imposto pelo grupo dominante, que detém o poder.

Todas as instituições sociais, como a lei e o sistema de repressão, são produto dessa dominação e estão a serviço da manutenção do *status quo*. Por isso tratam as pessoas de forma desigual.

A sociologia do conflito impulsionou a ampliação dos estudos criminológicos, que se deu com a análise valorativa da sociedade e principalmente com a introdução da visão política – o crime e a criminalização como resultantes de fatores de poder – na criminologia. Passou a estudar o poder que está por trás da elaboração das leis (escolha dos bens jurídicos), da seleção e da definição das ações que serão objeto de persecução penal. Contestou a neutralidade da metodologia positivista (até então a única utilizada), que não permite ver a sociedade do ponto de vista político.

Essa sociedade conflitual é descrita por dois modelos institucionais distintos: um baseado na economia (Karl Marx) e o outro na política (Ralf Dahrendorf).

A sociologia conflitual de Dahrendorf

Para sociólogo alemão Ralf Dahrendorf, toda formação social é desigual. E não se trata de uma desigualdade natural, com base em dons ou talentos (meritocracia). É uma diferença que ele denomina "estratificação", ou seja, que se baseia na reputação e na riqueza. Expressa-se em *status* distintos entre os membros das camadas sociais[28].

O critério predominante na distinção entre as pessoas em uma sociedade estratificada é o poder. Historicamente, ele já foi associado à nobreza, à posse de terras, à origem familiar, à honra, entre outros fatores. A estratificação é meramente uma consequência da estrutura de poder da sociedade. Para a teoria conflitual, é difícil imaginar uma sociedade e seu sistema de normas e sanções sem uma autoridade que a sustente. Essa autoridade é o poder institucionalizado, que legitima os critérios de estratificação de uma sociedade.

A desigualdade significa o ganho de alguns às expensas de outros, e por isso a sociedade estará sempre em conflito, em pressão, para a abolição dessas desigualdades pelos dominados. Portanto, não pode haver uma sociedade ideal, perfeita, justa e a-histórica.

Dahrendorf, por considerar a desigualdade estrutural a toda formação social, não consegue conceber uma sociedade sem classes sociais. É na disputa entre dominantes e dominados que se encontra a fonte das mudanças sociais, da evolução da civilização como um todo.

> Há bons motivos para se lutar contra as históricas forças arbitrárias, que levantam insuperáveis barreiras de casta ou *status* entre os homens. A existência da desigualdade social, contudo, é um incentivo na busca da liberdade, que garante a evolução da sociedade e a torna dinâmica e histórica. Uma sociedade perfeitamente igual não seria apenas irreal, seria terrível. Utopia não é fonte de liberdade, é sempre um esquema de um futuro incerto, gera terror e absoluto tédio.[29]

A criminologia conflitual, que nasce com base na sociologia do conflito, será analisada no capítulo 5.

---

28. *Essays in the Theory of Society*, p. 152.
29. Ibid., p. 178.

O modelo marxista

O modelo marxista de descrição da sociedade baseia-se no conflito entre duas classes, determinado pela propriedade dos meios de produção: a burguesia (detentores dos meios de produção) e o proletariado (trabalhadores assalariados que vendem a força de trabalho). Esse conflito, ao contrário do conflito de Dahrendorf, não é inerente a toda a organização social nem funcional. O conflito é nocivo e faz parte de uma etapa do desenvolvimento da humanidade que deve ser superada. É resultado do modo de produção vigente: o capitalismo.

A causa da desigualdade social, para a sociologia marxista, é puramente econômica, ditada por uma superestrutura imposta a todas as esferas da vida coletiva pelo modo de produção capitalista. O direito – principalmente o direito penal – e a organização estatal visam à manutenção desse modelo de desigualdade social e por isso devem ser reformados.

Afirma Marx:

> No que me diz respeito, nenhum crédito me cabe pela descoberta da existência de classes na sociedade moderna ou da luta entre elas. Muito antes de mim, historiadores burgueses haviam descrito o desenvolvimento histórico da luta de classes, e economistas burgueses, a anatomia econômica das classes. O que fiz de novo foi provar: 1) que a existência de classes somente tem lugar em determinadas fases históricas do desenvolvimento da produção; 2) que a luta de classes necessariamente conduz à ditadura do proletariado; 3) que esta mesma ditadura não constitui senão a transição no sentido da abolição de todas as classes e da sociedade sem classes.[30]

As ideias da classe burguesa são as ideias dominantes no discurso político. Ou seja, a classe que exerce o poder material na sociedade possui, ao mesmo tempo, o poder espiritual, ideológico. A classe que tem à sua disposição os meios para a pro-

---

30. Karl Marx, "Carta a J. Weydemeyer", in: Karl Marx, *Sociologia*, p. 14.

dução material dispõe com isso, ao mesmo tempo, dos meios para a produção espiritual, e, no tempo devido, em termos médios, são submetidas a ela as ideias dos que carecem dos meios necessários para produzir espiritualmente. Segundo Marx, os valores protegidos pela sociedade são impostos por aqueles que detêm o poder material[31].

Para o marxismo, o direito penal, assim como outros ramos do direito, exprime uma ideologia. Portanto, todo o discurso realizado em direito penal é produzido pela classe dominante e serve apenas para legitimar e reproduzir um sistema de desigualdade social gerada pelo binômio capital-trabalho assalariado. A igualdade formal dos indivíduos perante a lei encobre a grande desigualdade material existente. A criminologia também é uma ideologia, e não uma ciência, e os que se posicionam diante do crime de forma neutra, assumindo sua verdade como um dogma, são instrumentos dessa ideologia, e não cientistas[32].

Essa é a base sociológica da criminologia crítica, que se estudará no capítulo 6.

---

31. Karl Marx e Friedrich Engels, "A ideologia alemã", in: Karl Marx, op. cit., p. 25.
32. Cf. Lola Aniyar de Castro, *Criminologia da reação social*, p. 153.

CAPÍTULO 2. A OBRA DE SUTHERLAND

O SURGIMENTO DOS WHITE COLLAR CRIMES

A problemática dos crimes do colarinho branco foi abordada pela primeira vez no âmbito da criminologia pelo sociólogo norte-americano Edwin Hardin Sutherland, da Universidade de Indiana, em um artigo denominado "White Collar Criminality", publicado na *American Sociological Review* em 1940[1].

Não se sabe ao certo como a questão dos crimes do colarinho branco despertou o interesse de Sutherland. Na data de publicação de seu artigo, o sociólogo tinha 56 anos e já era consagrado por suas obras sobre criminologia, que seguiam a tradicional linha de estudo da sociologia norte-americana: emprego de métodos científicos, estudo das estatísticas oficiais, associação da criminalidade à pobreza e às condições geográficas de desorganização social. Sutherland tinha desenvolvido estudos específicos a respeito da marginalização dos imigrantes e da população oriunda do campo nas grandes cidades[2]. Foi o criador da teoria da associação diferencial, que buscava explicar como se dava a aprendizagem do comportamento criminoso pelos jovens nas áreas de exclusão social, definidas pela teoria ecológica. Até então, Sutherland nunca havia antecipado nenhuma indignação a respeito da questão da criminalidade das

---

1. Trata-se da reprodução do discurso proferido por Sutherland no 52º encontro da American Economic Association em 27 de dezembro de 1939. Sutherland, na época, era o presidente da American Sociological Society.
2. Tal estudo chamava-se "Twenty Thousand Homeless Men" e foi publicado em 1936.

classes mais elevadas. Era tido como um homem equilibrado, discreto, avesso a polêmicas.

Após o artigo de 1940, entretanto, seu discurso mudou. Passou a combater com vigor a criminalidade do colarinho branco, sem esconder a forte aversão que nutria por ela. Chegou a comparar os grandes grupos empresariais aos nazistas, em razão da propaganda organizada que realizavam visando produzir sentimentos favoráveis a eles em toda a população[3]. Defendia a livre concorrência, mas sem a utilização de práticas ilegais e abusivas.

Sutherland criou o termo *white collar crime* para dar ênfase à posição social dos criminosos (que seria o fator determinante de seu tratamento diferenciado) e trouxe para o campo científico o estudo do comportamento de empresários, homens de negócios e políticos como autores de crimes profissionais e econômicos, o que antes não ocorria.

Seu trabalho, portanto, ampliou o campo de estudo da criminologia para além das estatísticas oficiais e, mais, realizou uma crítica da própria utilização cega dos números. Impulsionou as pesquisas sobre os crimes do colarinho branco e introduziu elementos suplementares nas discussões sobre as causas do crime como um todo. Buscou a verdadeira raiz da criminalidade nos valores de todo o sistema social, saindo do limitado universo das áreas de pobreza e de seus moradores.

As ideias de Sutherland ainda hoje são recebidas com reserva, pois negam a eficiência das políticas de assistência social como única medida de combate à criminalidade. Tornam mais complexa a adoção de medidas de política criminal, pois estas, para atingir as classes mais elevadas, teriam que se ocupar de uma reforma mais ampla, de valores socioeconômicos já consolidados.

Passemos, então, à análise de seu artigo de 1940.

---

3. Em 1942 Sutherland envolveu-se em um conflito público ao enviar correspondências insultando o diretor da empresa Hoosier Motor Club de Indianápolis, porque promovia o incremento do uso de veículos mesmo durante o período de racionamento de combustíveis (época de guerra), colocando interesses pessoais à frente dos interesses nacionais. Gilbert Geis e Colin Goff, na introdução a Edwin Sutherland, *White Collar Crime*: the Uncut Version, p. XV.

O ARTIGO DE SUTHERLAND DE 1940

Como já foi mencionado, o trabalho pioneiro no estudo da criminalidade do colarinho branco surgiu de um discurso proferido por Sutherland em um encontro entre sociólogos e economistas em 27 de dezembro de 1939. O autor, à época presidente da American Sociological Society, escolheu um tema de interesse comum a ambos os campos: criminalidade no mundo dos negócios. Assim expôs sua proposta:

> Economistas estão familiarizados com as estratégias de negócios, mas não estão acostumados a considerá-las do ponto de vista criminal; e os sociólogos estão familiarizados com o crime, mas não estão acostumados a considerá-lo em sua expressão no mundo dos negócios. Este artigo pretende integrar estes dois campos do conhecimento.[4]

Sutherland pretendia comparar a criminalidade nas classes sociais superiores, que ele denominou *white collar class*[5], com a criminalidade nas classes inferiores, de pessoas de mais baixo *status* social, a fim de desenvolver uma teoria geral adequada sobre a criminalidade.

Até então, os criminólogos utilizavam as estatísticas provenientes da justiça criminal como principal fonte de dados. Com bases nessas informações, desenvolviam as teorias criminológicas, que, consequentemente, tinham por pressuposto que o crime se concentrava nas classes mais baixas e, assim, associavam a criminalidade à pobreza e às condições sociais dela derivadas.

Sutherland acreditava haver outra explicação para a criminalidade. Para ele, existia uma criminalidade latente que ocasionalmente, devido a algum escândalo individual, se tornava pública. Relacionava-se a condutas de grupos empresariais das

---

4. Edwin Sutherland, "White Collar Criminality", in: *American Sociological Review*, p. 1.
5. Denominação que se refere à cor das camisas (brancas) utilizadas pelos homens de alto *status* econômico.

mais diversas áreas, tais como energia, transporte, mineração, construção, investimentos, bens de consumo etc. Geralmente envolvia práticas como fraudes no mercado financeiro, suborno de agentes públicos, chantagem, propagandas enganosas e abusivas, desvios de capital e nas aplicações de fundos, falências fraudulentas. Eram condutas que feriam sentimentos de confiança e lisura que devem existir nas relações econômicas dentro da sociedade[6].

Entretanto, até então, não havia dados estatísticos disponíveis na justiça criminal para uma comparação entre os crimes das classes sociais elevadas e baixas. Existiam apenas indícios (baseados em alguns estudos isolados) de que os crimes do colarinho branco eram práticas difundidas. Nos meios empresariais, esses comportamentos eram de conhecimento geral. Mesmo não sendo possível determinar de modo objetivo sua frequência, já era possível afirmar que o crime não estava tão fortemente concentrado nas classes mais baixas.

O prejuízo causado pelos *white collar crimes* à sociedade como um todo era provavelmente bem maior do que os prejuízos da espécie de criminalidade tradicionalmente considerada um problema social. Uma única quebra de banco, por exemplo, poderia gerar prejuízos superiores a todo o valor subtraído em furtos no país durante um ano inteiro. Ou seja, os *white collar crimes* são responsáveis pela perda da confiança nas instituições e por seu funcionamento desvirtuado, com prejuízo para toda a sociedade, empobrecimento e desorganização social, que trazem consigo a expansão da criminalidade "oficial". São efeitos aparentemente imperceptíveis isoladamente, mas difíceis de recuperar.

Por isso, é inegável que os *white collar crimes* são de fato crimes para a criminologia. Então, para que se pudesse apreendê-los e estudá-los, a sociologia não poderia se restringir a buscar seus dados nas estatísticas criminais. Isto porque era impossível acreditar que a justiça criminal revelava todas as violações de

---

6. Edwin Sutherland, op. cit., p. 2.

normas penais. O sistema punitivo opera de forma deficiente, e o sociólogo não podia ignorar esse fato.

Sutherland tinha propostas metodológicas para conseguir se aproximar desse dado real (a efetiva violação da lei penal).

Primeiramente, incluiu outros órgãos de controle[7], além dos juízos criminais, no campo de pesquisa, pois, ao lado da justiça criminal, havia outras instâncias que também proferiam decisões a respeito de condutas violadoras da lei penal (já que o ilícito criminal muitas vezes é também ilícito civil e/ou administrativo). Tal método já era empregado no estudo da "criminalidade" juvenil, pois ela não era julgada por juízes criminais. E, no caso da criminalidade do colarinho branco, era importante a consideração de tribunais, comissões e órgãos administrativos especializados.

Em segundo lugar, considerou como crimes os casos que teriam alta probabilidade de condenação, se (hipoteticamente) ingressassem na justiça criminal, sobretudo os conflitos que ficavam restritos à esfera da responsabilidade civil (por exemplo, em casos de violação de patentes), em que a parte lesada estava mais interessada em sanar prejuízos do que em ver o criminoso punido.

Em terceiro lugar, também considerou como comportamento criminoso aquele cuja condenação fora evitada simplesmente por causa de pressões sobre o juízo criminal ou administrativo. No caso da criminalidade do colarinho branco, seus autores gozam de certa imunidade devido ao *status* social e à influência na formulação e aplicação da lei. O sociólogo, porém, não deve se prender a tais circunstâncias. Ele pode interpretar as falhas das condenações e do funcionamento das instituições e coletar seu dados de forma neutra.

Em quarto lugar, o sociólogo deve abordar de forma ampla os fenômenos, incluindo em suas estatísticas todos os indivíduos envolvidos no crime. Deve tomar o fato até sua origem, mesmo que a condenação se limite ao executor direto.

---

7. Tais como o Federal Trade Comission, o Interstate National Lavabor Relations Board, o Federal Pure Food and Drug Administration.

A partir dessa pesquisa, pôde-se notar que, ontologicamente, a criminalidade do colarinho branco não difere da comum, das classes mais baixas. Os crimes destas classes, porém, são perseguidos por policiais, promotores, juízes, e punidos com prisões. Já os crimes praticados por membros das classes superiores não resultam na mesma proporção de ações oficiais, ou restringem-se a reparações de danos em juízos civis, ou, ainda, são sancionados na esfera administrativa com advertências, perda de licenças e, em alguns casos, multas. Portanto, os criminosos do *white collar* são tratados de forma distinta dos criminosos comuns e, em consequência, não são considerados criminosos por eles próprios, pela sociedade em geral e pelos criminólogos. A diferença na implementação da lei penal se deve sobretudo à diferença de posição social dos dois tipos de criminosos.

Sutherland, assim, já antecipava a necessidade de a ciência estudar também a reação social como uma face indissociável da compreensão de todo fenômeno criminal. Entretanto, a inclusão dessa perspectiva no objeto da criminologia só aconteceria duas décadas depois por meio do *labeling approach*.

O sociólogo ressaltou também que, em contraste com o poder dos criminosos do *white collar*, está a fragilidade de suas vítimas, na maioria das vezes coletividades desorganizadas e desprovidas de conhecimentos técnicos específicos ou titulares de interesses difusos (indetermináveis), tais como consumidores e investidores, e até mesmo todos os indivíduos, enquanto membros da sociedade.

De forma oposta, os crimes tradicionais são cometidos por pessoas das classes mais baixas, sem a mínima influência social, principalmente contra o patrimônio e a integridade física dos mais ricos e mais poderosos. Por isso, sofrem forte reação da sociedade. Esse quadro contribui para a relativa imunidade dos criminosos do colarinho branco.

Portanto, se quisesse formular uma teoria geral sobre o delito, a criminologia deveria reformular as teorias tradicionais. A pobreza não podia mais ser vista como a causa principal do comportamento criminoso. E foi o que Sutherland fez com sua teoria da associação diferencial.

O CONCEITO DE *WHITE COLLAR CRIME*

O conceito apresentado por Sutherland para *white collar crimes* era sociológico, experimental e ainda estava em construção. Não tinha, em princípio, a pretensão de alcançar a popularidade que conquistou. Baseava-se fundamentalmente nas características de seus autores (vistos como membros de uma classe) e na finalidade do ato. Seu conteúdo tinha importância secundária. Ele afirmava:

> Esse conceito não pretende ser definitivo, mas visa a chamar a atenção para crimes que não estão incluídos, de forma geral, no âmbito da criminologia. *White collar crime* pode ser definido aproximadamente como um crime cometido por uma pessoa de respeito e *status* social elevado no exercício de sua ocupação.[8]

Segundo Hermann Mannheim, são quatro os elementos conceituais do *white collar crime* proposto por Sutherland: a) é um crime; b) cometido por pessoas respeitáveis; c) com elevado *status* social; d) no exercício de sua profissão. Além disso, geralmente constituem uma violação de confiança[9].

A afirmação de que os *white collar crimes* eram crimes não constituía uma redundância. Na época em que o artigo do sociólogo foi escrito, a previsão de tipos penais referentes à criminalidade econômica e empresarial ainda era escassa e havia dentro da criminologia uma corrente que buscava construir um conceito material de crime, que superasse sua dependência em relação à vontade do legislador (que tornava o conceito puramente formal)[10]. Era o que se chamava de desvio (*deviance*), um termo sociológico, mais técnico[11].

---

8. *White Collar Crime*: the Uncut Version, p. 7.
9. *Criminologia comparada*, p. 725.
10. Tal tendência era particularmente forte nos Estados Unidos, e seus principais defensores foram Thorsten Sellin e Hermann Mannhein. A respeito, cf. Jorge de Figueiredo Dias e Manoel da Costa Andrade, *Criminologia:* o homem delinquente e a sociedade criminógena, p. 73
11. A discussão a respeito de uma definição criminológica do crime foi o tema central do Congresso Internacional de Criminologia, realizado em Paris, em 1950 (Jorge de Figueiredo Dias e Manoel da Costa Andrade, op. cit., p. 63).

O problema a respeito do objeto da criminologia é antigo. Até o início do século XX, essa ciência trabalhava com um conceito de crime puramente jurídico, ou seja, não se discutia quais condutas eram ou deveriam ser criminalizadas. O objeto da criminologia eram as condutas previstas na lei criminal positiva, isto é, crime era todo comportamento que a lei tipificava como tal. Não se buscava saber o que era o crime, mas simplesmente por que ele acontece.

Nas primeiras décadas do século XX, os sociólogos passaram a considerar esse conceito jurídico muito restrito e vazio de conteúdo, inadequado para uma ciência autônoma, como a criminologia almejava ser[12]. Realizaram-se então esforços para elaborar um conceito sociológico de crime[13] metajurídico, autônomo e anterior à qualificação legal, buscando um conteúdo de caráter universal. Entretanto, não se alcançou esse conceito uniforme de desvio (*deviance*), que se afastasse da referência às normas. Em razão do excesso de abstração, sua operacionalidade ficou comprometida.

Tais esforços, portanto, não conseguiram afastar o conceito de crime da referência à lei que o define.

Sutherland preferiu não se afastar do conceito jurídico de crime quando definiu os *white collar crimes*. Entendia que, embora o fato devesse ser socialmente danoso, era necessária a sua previsão legal como crime[14].

O segundo elemento refere-se ao sujeito ativo, que deve ser pessoa respeitável. É uma qualidade que não se restringe à simples ausência de antecedentes criminais (dos crimes comuns).

---

12. Já no fim do século XIX, Durkheim havia tentado formular o conceito de crime como ofensa a sentimentos fortes e preciosos à consciência comum. Cf. Émile Durkheim, *Da divisão do trabalho social*, p. 50.
13. Cf. as formulações de Cohen, Weeler e Erikson, in: Jorge de Figueiredo Dias e Manoel da Costa Andrade, op. cit., p. 74.
14. Deve-se ressaltar que Sutherland vivia em um país da *commom law*, em que a maior parte dos crimes é definida em lei (o que era a regra), mas em que há também precedentes judiciais (*stare decisis*) com força vinculante que tradicionalmente reconhecem alguns crimes (daí a importância dada pela sociologia norte-americana à busca de um conteúdo material ao delito). Entretanto, Sutherland trabalha essencialmente com a ideia de crimes previstos em lei.

Abrange o juízo feito pelos membros da sociedade em geral a respeito de sua pessoa. É sua identidade social, aferida com base no papel que ocupa na comunidade. Essa respeitabilidade provém tanto da imagem de sucesso veiculada pelos meios de comunicação quanto dos valores que, de forma geral, cercam os ocupantes de determinadas atividades – principalmente do ramo empresarial – que integram o próprio senso comum da sociedade. Portanto, não praticam *white collar crime* pessoas simplesmente ricas, mas provenientes do "submundo", sem prestígio social, tais como os controladores do tráfico, do jogo, de contrabando, da prostituição etc.

O terceiro elemento é o elevado *status* social do criminoso. Esse aspecto, ao contrário do anterior, não se refere à imagem exteriorizada pelo indivíduo na sociedade. Diz respeito à aceitação dele em determinada classe social, um grupo fechado, com valores próprios. Pessoas simples, de pouco estudo, de origem humilde podem ser muito respeitadas, mas dificilmente pertencerão a uma classe social elevada. Este *status* é um conceito (ou preconceito) cultural enraizado nos próprios estratos da sociedade. Relaciona-se com a origem e a formação dos indivíduos, que os tornam aptos a serem aceitos ou não dentro dos círculos sociais mais elevados quando obtêm sucesso econômico.

O quarto elemento refere-se a ações criminosas cometidas no exercício da profissão. Assim, é necessário que as razões e as circunstâncias do fato criminoso estejam ligadas à obtenção de vantagens no campo profissional. É um meio de alcançar resultado favorável na atividade econômica, vedado pela lei. Excluem-se do conceito de *white collar crime*, portanto, os crimes cometidos por pessoas de alta classe social, quando desvinculados da finalidade profissional, como homicídios, porte de substâncias tóxicas, crimes contra a honra em geral e de natureza sexual.

Por fim, há uma circunstância frequente, embora não elementar, no contexto dos *white collar crimes*: a violação da confiança[15]. Os autores de crime de colarinho branco em geral re-

---

15. Hermann Mannhein, op. cit., p. 729.

presentam papéis profissionais que implicam uma série de deveres para com outros membros das próprias organizações a que pertencem e principalmente com a sociedade. Os crimes por eles cometidos, além da relevância social do prejuízo, muitas vezes implicam a quebra desses deveres – o que afeta também o funcionamento regular das empresas, do mercado e do sistema financeiro. Essa violação de dever profissional afeta a confiança de toda a sociedade em suas instituições. Prejudica, ainda que de modo abstrato, de maneira definitiva, os próprios valores da sociedade.

A PESQUISA DE SUTHERLAND: A OBRA DE 1949

Sutherland revelou em seu artigo uma visão inovadora do fenômeno criminal. Entretanto, embora seu discurso fosse internamente coerente e suas críticas verossímeis, poucos eram os dados que comprovavam suas afirmações. E a demonstração, em um estudo sociológico de perspectiva positivista, era fundamental.

Foi por essa razão que, nos dez anos seguintes à publicação do artigo, Sutherland empenhou-se em coletar dados (usando a metodologia que ele mesmo havia proposto) para fundamentar suas teses e aprimorar sua argumentação teórica.

Sua pesquisa consistiu em analisar a conduta das setenta maiores empresas dos Estados Unidos em sua época. Excluiu inicialmente empresas públicas e prestadoras de serviço público, em razão do regime diferenciado que rege suas relações no mercado[16]. Realizou basicamente uma "biografia" de tais empresas, coletando todas as decisões proferidas contra elas em toda a sua "vida", que possuíam em média quarenta e cinco anos. Buscou reunir todas as violações a leis que se encaixassem em seu conceito de *white collar crimes*. Suas fontes foram diversas: tribunais

---

16. Tais empresas também foram objeto de análise, mas em capítulos separados de sua obra. Edwin Sutherland, *White Collar Crime*: the Uncut Version, pp. 199-223.

federais e estaduais (cíveis e criminais), decisões de tribunais administrativos especializados em matérias econômicas (federais, estaduais e municipais), sanções de outros órgãos da Administração Pública, de comissões e conselhos profissionais. Até mesmo notícias de jornais foram utilizadas[17].

Logicamente, Sutherland conhecia a fragilidade de suas fontes. Por exemplo, ele alertava que nem todas as decisões (judiciais e administrativas) eram publicadas, muitos processos (judiciais e administrativos) eram extintos por acordos antes da averiguação completa dos fatos. Alguns órgãos, como a Pure Food and Drug Administration, não publicavam o nome dos condenados. E algumas decisões eram indexadas apenas com o nome do primeiro de uma série de réus, acompanhado da expressão "e outros".

Consideradas todas essas limitações, o fato é que, ao final da pesquisa, todas as empresas analisadas possuíam contra si decisões desfavoráveis, variando de uma a cinquenta. A média foi fixada em quatorze condenações por empresa. Três destas empresas foram selecionadas e seus casos foram estudados detalhadamente, a título de amostra[18].

A pesquisa de campo rendeu a Sutherland uma obra com base empírica que comprovava, ao menos de forma indiciária, suas constatações iniciais.

Essa obra foi aceita para publicação em 1949 pela Dryden Press, editora em que Sutherland era o responsável pela área de sociologia. Entretanto, como condição para publicação, foi determinado que ele eliminasse do livro o nome das empresas analisadas, pois a editora temia ser responsabilizada civilmente por tratar tais empresas como "criminosas". Sutherland relutou, mas ao final cedeu e retirou todas as referências nominais

---

17. Para tal trabalho, reuniu numerosa equipe de estudantes da graduação, remunerados com sessenta dólares mensais. Edwin Sutherland, *White Collar Crime*: the Uncut Version, p. XIV.
18. As empresas eram a American Smelting and Refining Company (do ramo de petróleo), a United States Rubber Company (do ramo de borracha) e a Pittsburg Coal Company (de extração mineral).

às empresas pesquisadas. Sua pesquisa foi prejudicada. Essa restrição durou cerca de trinta anos, pois a primeira edição sem cortes de sua obra só foi publicada em 1983. Sutherland morreu em 1950 sem ver a publicação completa de sua obra.

AS TRÊS CAUSAS DA MENOR REAÇÃO
PENAL AOS *WHITE COLLAR CRIMES*

A pesquisa desenvolvida por Sutherland nos dez anos que se sucederam ao artigo comprovaram sua percepção a respeito dos *white collar crimes*. Afinal, eles eram de fato crimes, fenômenos da mesma natureza da criminalidade das classes baixas. O que diferenciava os *white collar crimes* dos demais delitos era apenas a reação social, que no caso dos primeiros era bem menos rigorosa, quase inexistente.

Para Sutherland, a escassa persecução penal a esses crimes se devia principalmente a três fatores: 1) o *status* de seus autores; 2) a tendência a apenas reprimir tais condutas em outros ramos do direito; 3) a falta de organização das vítimas contra os *white collar crimes*[19].

O primeiro fator, *status* social dos agentes, influi no controle estatal devido a uma combinação de intimidação e admiração. Os agentes responsáveis pela justiça criminal por vezes têm medo de confrontar-se com os homens de negócios, pois o antagonismo pode resultar em prejuízos a suas carreiras, que sofrem influência política, legítima ou ilegítima (até mesmo, mas em menor grau, as carreiras que gozam de independência funcional). Já a admiração surge de uma identificação cultural entre os legisladores, juízes e administradores da justiça com os homens de negócios, em razão da formação semelhante que tiveram. São conceitos que atuam no psiquismo dos agentes públicos. Os autores de *white collar crimes* não obedecem ao tradicional estereótipo dos criminosos, mas, ao contrário, são pes-

---

19. *White Collar Crime*: the Uncut Version, p. 56.

soas respeitáveis que "não precisam ser encarceradas ou mesmo severamente punidas para cumprir a lei" (tais como os legisladores e administradores da justiça). Nesse caso, é mais fácil o aplicador da lei se colocar no papel dos autores e perceber o quanto influi em sua dignidade ser considerado um criminoso.

A tendência de se reprovar comportamentos ilícitos em outras esferas do direito – quando adequado e suficiente – obedece ao princípio democrático de um direito penal como *ultima ratio*[20]. Essa tendência se observa de forma mais acelerada nos *white collar crimes*.

A substituição de sanções penais por métodos não penais é um imperativo de um direito penal mínimo. Motiva-se principalmente pelas mudanças sociais e pela falência do direito penal como meio de conter a criminalidade (prevenção geral) e de diminuir a reincidência (prevenção especial)[21].

Já a falta de organização das vítimas dos crimes do colarinho branco se deve principalmente a três razões, como se segue.

A primeira consiste na complexidade dos crimes do colarinho branco de uma forma geral e na dispersão de seus efeitos. Tais crimes não costumam se apresentar sob uma estrutura simples, como ocorre com o ataque direto de uma pessoa contra outra pessoa, no caso do homicídio, por exemplo. Muitos dos crimes do colarinho branco apenas são constatados por especialistas da respectiva área (mercado financeiro, economia, indústria química, contabilidade). Por vezes, uma empresa chega a violar uma lei por décadas até que o Poder Público tome ciência de tal fato. E seus danos podem se dispersar, de forma indi-

---

20. Segundo Batista e outros, a subsidiariedade "deriva de sua consideração como remédio sancionador extremo, que deve portanto ser ministrado apenas quando qualquer outro meio se revele ineficiente; sua intervenção se dá unicamente quando fracassam as demais barreiras protetoras do bem jurídico predispostas por outros ramos do direito", in: Nilo Batista et al., *Introdução crítica ao direito penal brasileiro*, p. 87.
21. Ainda segundo Batista, Zaffaroni e outros: "o conhecimento de que a pena é uma solução imperfeita firmou a concepção da pena como *ultima ratio* – o direito penal só deve intervir nos casos de ataques muito graves aos bens jurídicos mais importantes, e as perturbações mais leves da ordem jurídica são objeto de outros ramos do direito", in: Nilo Batista et al., op. cit., p. 85.

reta, entre milhares de pessoas por vários anos, sem que determinada pessoa sofra mais em um período específico. Ou seja, o dano é diluído e muitas vezes não é percebido ou mesmo parece não ter relevância se referido a apenas um indivíduo.

A segunda razão é a falta de empenho dos meios de comunicação em organizar o sentimento da comunidade contra os *white collar crimes*. A mídia é a maior responsável pela formação da opinião pública em matéria criminal. Enquanto grande destaque é conferido pelos meios de comunicação à criminalidade comum, muito pouco se enfatiza a alta lesividade dos crimes do colarinho branco. Segundo Sutherland, isso se deve, em parte, ao fato de tais crimes serem complexos para a compreensão do público em geral. Além disso, as empresas que atuam na área de comunicação dependem de anunciantes e muitas vezes realizam a própria divulgação da boa imagem das pessoas da alta classe social. Isso quando as próprias empresas do ramo de comunicação, como poderosos grupos que são, não são sujeitos de crimes do colarinho branco.

A terceira causa é o pouco tempo de existência das normas que definem os crimes do colarinho branco, se comparadas com institutos previstos nos códigos penais, tais como o roubo e o homicídio. A sociedade ainda está assimilando tais crimes e incorporando novos conceitos. Ainda não há uma tradição na incriminação dessas condutas. Além disso, é elevado o número de leis extravagantes, situadas fora do Código Penal, e seu ensino ainda não é enfatizado da mesma forma que os crimes desse Código nas faculdades de direito. Consequentemente, ainda não há a mesma familiaridade, para a população leiga e os próprios operadores do direito, entre os crimes do Código e os crimes das leis extravagantes.

A TEORIA CRIMINOLÓGICA DE SUTHERLAND:
A ASSOCIAÇÃO DIFERENCIAL

Sutherland, antes de se preocupar com a questão dos crimes do colarinho branco, havia desenvolvido uma importante teoria sobre os crimes tradicionais: a teoria da associação diferencial.

Na década de 1930, todas as pesquisas sociológicas seguiam a linha da Escola de Chicago. O crime era explicado em termos multifatoriais, tais como classe social, lares instáveis, idade, raça, localização urbana ou rural, distúrbios mentais. Sutherland desenvolveu sua teoria da associação diferencial nessa época, num esforço de explicar as razões pelas quais esses vários fatores se relacionavam com o crime e, assim, complementar a teoria ecológica[22]. Era uma teoria microssociológica que buscava tanto organizar e integrar a pesquisa do crime até aquele momento quanto servir de referência a pesquisas futuras.

Para a teoria da associação diferencial, o comportamento delituoso não é intrínseco às condições sociais nem à personalidade do indivíduo, mas resulta do aprendizado, da interação entre as pessoas, sobretudo íntimas.

De acordo com Sutherland, os fatores mencionados propiciam a criminalidade porque aumentam a probabilidade de indivíduos se associarem com outros que lhes apresentem argumentos favoráveis ao cometimento de delitos.

A teoria é exposta na forma de nove proposições, que se referem ao processo pelo qual uma pessoa ingressa no crime. São as seguintes:

1) O comportamento criminoso é aprendido.
2) O comportamento criminoso é aprendido na interação com outras pessoas, num processo de comunicação.
3) O aprendizado se dá principalmente com as pessoas mais íntimas.
4) Tal aprendizado inclui: a) as técnicas de prática de crime, simples ou sofisticadas (aspecto objetivo); b) a assimilação dos motivos, razões, impulsos, racionalizações e atitudes (aspecto subjetivo).

---

22. Essa teoria apresenta seu desenvolvimento completo na revisão do artigo em coautoria com Donald Cressey, "A Theory of Differencial Association", presente na 6.ª edição de sua coletânea *Principles of Criminology*, de 1960 [1.ª ed. de 1934].

5) Os impulsos e os motivos são aprendidos por definições favoráveis e desfavoráveis.
6) A pessoa se torna delinquente porque é exposta a mais definições favoráveis à violação da lei do que a definições desfavoráveis.
7) A associação diferencial pode variar em frequência, duração e intensidade.
8) O processo de aprendizagem criminosa por associação com padrões criminosos e não criminosos envolve os mesmos métodos da aprendizagem de comportamentos lícitos.
9) O comportamento criminal expressa necessidades e valores semelhantes aos que se expressam pelos comportamentos lícitos.[23]

Enfim, para a teoria da associação diferencial, o comportamento criminoso é aprendido por meio de técnicas, racionalizações e atitudes em grupos de referência (família, escola, amigos). Esse comportamento não é herdado nem inerente às condições geográficas, mas aprendido, da mesma forma que o comportamento conforme a lei. Assim, é apenas favorecido pelo ambiente em que ocorrem os contatos da aprendizagem.

Essa teoria teve grande influência na pesquisa criminológica e permanece até hoje como uma das teorias etiológicas dominantes na explicação da aprendizagem do crime, principalmente nos Estados Unidos, onde prevalece a linha microssociológica de pesquisa.

A TEORIA DA ASSOCIAÇÃO DIFERENCIAL E OS *WHITE COLLAR CRIMES*

As pesquisas a respeito dos *white collar crimes* demonstraram que as teorias existentes não explicavam o fenômeno da criminalidade profissional das classes sociais elevadas. Eram teorias

---

23. Edwin Sutherland e Donald Cressey, "A Theory of Differencial Association", in: Francis Cullen e Robert Agnew, *Criminological Theory*: Past to Present, p. 132.

que buscavam explicar os crimes tradicionais apoiadas nas estatísticas do sistema penal. Com base nesses dados (incontestáveis), associavam o crime à pobreza e à desorganização social. Era preciso reformular essas teorias, se se pretendesse dar a elas um caráter geral de explicação da criminalidade.

Essa revisão também deveria ocorrer com a teoria da associação diferencial, que, em princípio, se concentrava na explicação da delinquência juvenil e dos moradores dos bairros pobres e desorganizados (*slums*). A teoria da associação diferencial, a partir de então, deveria se expandir para a explicar os *white collar crimes*.

Sutherland estava consciente de que seus dados ainda eram limitados e de que talvez não fosse possível elaborar uma explicação completa para a criminalidade do colarinho branco com fundamento neles. Entretanto, as pesquisas por ele realizadas sugeriam que os crimes do colarinho branco eram transmitidos pelo mesmo processo de aprendizagem aplicado aos crimes comuns. Só que tais contatos ocorriam em grupos de referência totalmente diferentes.

Quanto ao caráter experimental de sua elaboração teórica, ressalva Sutherland:

> A hipótese certamente não traz uma explicação completa e universal a respeito dos crimes do colarinho branco ou mesmo de outros crimes, mas ela talvez encaixe os dados das duas espécies de crimes melhor do que qualquer outra das hipóteses gerais.[24]

Nesse contexto, a principal forma de aprendizagem dos comportamentos definidos como crimes do colarinho branco era o contato do indivíduo com pessoas próximas, em geral bem-sucedidas dentro de seu ramo profissional, que definiam o comportamento criminoso como favorável e recomendável. Tal contato colocava o indivíduo a par de todas as vantagens de cometer tais crimes e o afastava das definições desfavoráveis. Por-

---

24. *White Collar Crime*: the Uncut Version, p. 240.

tanto, o indivíduo passaria a se envolver com condutas ilícitas quando se convencesse de que as definições favoráveis sobrepunham-se às desfavoráveis.

Para fundamentar tal entendimento, baseou-se nos dados disponíveis, embora ainda insuficientes. Sutherland tentou demonstrar as formas pelas quais se dá a aprendizagem do crime no mundo dos negócios, utilizando-se principalmente de relatos das experiências de jovens profissionais e das biografias dos homens de sucesso nos negócios.

Em primeiro lugar, selecionou os depoimentos de vários profissionais que descreviam seu ingresso no mundo dos negócios e como eram aconselhados a utilizar nesse segmento expedientes ilegais para aumentar as vendas, fechar os melhores contratos, ganhar mercado etc. Mostrou como tal imposição acontecia nos mais diversos ramos. Os trabalhadores eram convencidos a aderir a tais práticas se quisessem ser bem-sucedidos, e muitas vezes eram dispensados quando não aderiam a elas. Esse modo de agir era fundamentado em racionalizações como "no mundo dos negócios essas são as regras do jogo" ou "os extremamente honestos nos negócios morrem de fome". Tais fórmulas faziam com que seus agentes não se sentissem criminosos ao adotar um comportamento ilícito. Alguns profissionais se decepcionaram e desistiram, enquanto outros se adaptaram aos "costumes" do ramo[25].

Os depoimentos estudados eram de pessoas de nível superior, oriundas de lares estruturados, moradoras de bairros com baixa criminalidade e de boa reputação social. Os criminosos do colarinho branco, ao contrário dos criminosos comuns, raramente eram jovens delinquentes. As histórias retratadas mostravam jovens universitários com ideais e valores que eram convencidos por outros indivíduos a cometer *white collar crimes*. Em muitos casos, eram até mesmo obrigados por seus chefes a realizar atos que consideravam imorais ou antiéticos; em outros

---

25. Tais depoimentos incluíam desde vendedores de sapatos que tentavam vender números menores ou modelos de seu interesse até a apropriação indevida no ramo de seguros.

casos, aprendiam com os mais bem-sucedidos como alcançar tal sucesso. Interiorizavam as definições favoráveis à prática do crime (aspecto psíquico) e aprendiam as técnicas para violar a lei (aspecto objetivo).

As amostras obtidas, entretanto, retratavam jovens profissionais ainda em posições intermediárias. Sutherland não obteve nenhum relato de diretores e sócios de grande grupos empresariais. Ele foi então em busca de dados sobre grandes empresários. Leu as biografias de DuPont, Eastman, Firestone, Ford, Guggenheim, Morgan, Rockfeller, Woolworth, entre outros. Essas obras, entretanto, em sua maioria são produzidas para promover a imagem dos empresários, colaborando justamente para uma boa reputação social. Comportamentos criminosos raramente são descritos em tais livros.

Quanto à difusão das práticas ilícitas no ramo dos negócios, Sutherland a entendia como um sintoma do processo da associação diferencial. As empresas buscam o máximo de lucro. Quando uma empresa cria um método para alcançar lucro, outras empresas, ao conhecê-lo, passam a adotá-lo. A difusão de práticas ilegais que permitem aumentar ganhos é facilitada pela tendência à centralização do controle das indústrias por bancos de investimento (que conhecem expedientes utilizados em uma empresa e os utilizam em outras) e por conferências realizadas por associações de empresários.

Os homens de negócios não só buscam o contato com definições favoráveis de condutas ilícitas, mas também se afastam das definições desfavoráveis a essas condutas. Embora tais indivíduos possam ter crescido em lares que consideravam a honestidade uma virtude, esses ensinamentos exercem pouca influência nos métodos de trabalho que adotam. As pessoas que criticavam suas práticas nos negócios eram chamadas de "comunistas" ou "socialistas" e suas definições, então, adquiriam uma carga ideológica negativa.

Acrescente-se que a mídia, que costuma considerar os crimes comuns uma questão de ordem pública, não dedica o mesmo tratamento aos *white collar crime*. As razões para essa diferença de tratamento, conforme já exposto, passam pela sua condição de grandes empresas das redes de rádio, jornal e televisão, além de a maior parte de seus anunciantes também ser formada por grandes empresas.

A associação diferencial, portanto, é a primeira teoria que, adotando uma perspectiva microssociológica, apresenta uma hipótese de explicação para o crime em sua totalidade, do ponto de vista da aprendizagem.

Sutherland ressalta também que, do ponto de vista macrossociológico, a teoria da anomia é a primeira que consegue explicar o fenômeno da criminalidade comum e dos *white collar crimes*. Entretanto, ele não a considera útil para a atualidade, em razão da falta de precisão de seus conceitos, muitos deles éticos. Também entende ser difícil comprová-la empiricamente[26].

A pertinência dessa crítica será examinada no próximo capítulo, em que estudaremos especificamente a teoria da anomia.

Principais críticas ao conceito de Sutherland

A obra de Sutherland, embora tenha sido reconhecida pela maioria dos sociólogos como um marco na evolução do estudo da criminologia, foi alvo de várias críticas e enfrentou muita resistência para ser aceita.

Em um período em que predominava o rigor científico do positivismo, as principais críticas dirigidas à pesquisa de Sutherland referiam-se à falta de precisão do conceito de *white collar crime* e aos métodos por ele utilizados[27].

É certo que termos como "respeitabilidade" e "elevada classe social" não exprimem um conceito fechado e por vezes podem gerar dúvidas, por sua carga predominantemente valorativa. Por essa razão, são difíceis de serem convertidos em estatís-

---

26. *White Collar Crime*: the Uncut Version, p. 255.
27. Destacam-se como maiores críticos da teoria de Sutherland Hermann Mannheim e Paul Tappan. Cf. Hermann Mannheim, op. cit., pp. 724-30.

ticas ou até mesmo de serem trabalhados de modo objetivo na dogmática penal. Certamente surgiriam várias situações controversas que exigiriam uma constante análise valorativa do observador.

A utilização das categorias de Sutherland sob a óptica de uma tradição de pesquisa positivista, que parte da neutralidade do observador e da exatidão dos dados estatísticos, com certeza traria uma série de problemas. Seria necessário rever toda a metodologia utilizada tradicionalmente pela criminologia.

Sutherland tentou adaptar seus métodos, buscando informações em outras bases de dados além das estatísticas criminais dos órgãos oficiais. Conseguiu aumentar o âmbito de sua investigação, mas foi criticado por essa inovação. Ele próprio, como já foi apontado, admitia muitas falhas nas fontes que consultava, mas mesmo assim tentou imprimir um pouco mais de veracidade (em prejuízo da precisão) a sua pesquisa.

Embora muitas críticas tenham sido feitas ao trabalho de Sutherland, nenhum dos seus críticos propôs critérios para aperfeiçoar a sua definição de *white collar crime*. Preferia-se abandonar esses estudos. Não se buscou corrigir suas alegadas imperfeições[28]. Assim, passados mais de setenta anos, o conceito continua praticamente o mesmo[29].

De fato, deve-se reconhecer a procedência das críticas realizadas ao conceito e à metodologia de Sutherland, sob a perspectiva do positivismo. Entretanto, se se considerar que ele partiu do vazio, da total ausência de pesquisas anteriores nessa área, há muito mais méritos do que defeitos em seu trabalho. E, considerando a crise pela qual a metodologia positivista iria passar na década de 1960, pode-se afirmar que Sutherland apenas anteviu a dificuldade de adaptar a complexidade da realidade social ao modo de observação empírica empregado para apreender objetos pelas ciências natural e exata.

---

28. Cf. Paul Tappan, "Who in the Criminal", in: *American Sociological Review*, n. 12, 1947, apud Hermann Mannheim, op. cit., pp. 721-63.
29. Nesse sentido, a constatação de Antonio García-Pablos de Molina, *Problemas actuales de la criminología*, pp. 162-5.

Mesmo diante da dificuldade de comprovação de suas hipóteses (pela metodologia tradicional) e da maior abertura dos seus conceitos, nada fez desaparecer o grande mérito da obra de Sutherland, que revelou, pela primeira vez, a existência de um sistema penal desigual, que pune com rigor os crimes praticados pelos mais pobres e membros das camadas inferiores da sociedade, enquanto controla de forma escassa os delitos praticados por indivíduos oriundos das classes mais altas.

Essa percepção estará na base da futura mudança do paradigma da criminologia, que ocorrerá na década de 1960.

A ESTAGNAÇÃO DOS ESTUDOS DOS *WHITE COLLAR CRIMES* NOS ANOS 1960

A obra de Sutherland foi traduzida nas décadas de 1950-60 para diversos idiomas, tais como espanhol, italiano, francês, alemão e japonês, o que fez com que o termo *white collar crime* se incorporasse ao vocabulário criminológico mundial[30].

Seu trabalho influenciou uma geração de estudantes que desenvolveram suas ideias nos anos 1950 – ressaltando as diversas violações das normas econômicas no período da Segunda Guerra Mundial.

A partir da década de 1960, entretanto, devido à consolidação da guerra fria e à política interna conservadora dos Estados Unidos e da Europa, houve um hiato nos estudos sobre a criminalidade do colarinho branco.

Nos anos 1980, os estudos foram retomados, em razão da renovação da linha de pesquisa nas universidades, impulsionados pelo desenvolvimento da criminologia crítica e da sociologia do conflito, que via uma sociedade controlada por pessoas poderosas, de classes sociais dominantes, que utilizavam o direito, em especial o direito penal, como meio de manter sua posição[31].

---

30. Para o português, entretanto, ainda não há tradução.
31. Paul Tappan, "Who in the Criminal", in: *American Sociological Review*, n. 12, 1947, apud Jorge de Figueiredo Dias e Manoel da Costa Andrade, op. cit.; Antonio García-Pablos, op. cit.; Winfred Hassemer e Francisco Muñoz Conde, op. cit.

Também se pode verificar que, a partir dos anos 1980, foram editadas diversas leis criminalizando condutas lesivas à ordem econômica, aos consumidores, ao meio ambiente, de forma renovada[32].

A ATUALIDADE DO TRABALHO DE SUTHERLAND

Mais de meio século após o trabalho de Sutherland, os crimes do colarinho branco ainda persistem como um vácuo na reação social e as estatísticas certamente continuam refletindo de forma predominante a repressão aos crimes tradicionais contra o patrimônio praticados pelos pobres e estigmatizados.

A busca dos dados que Sutherland realizou na época pretendia ser apenas um impulso para estudos mais abrangentes e que permitissem conhecer mais sobre a criminalidade do colarinho branco. O que se nota, entretanto, é que tais estudos permaneceram isolados, não havendo nenhuma ampliação e aprofundamento por parte da criminologia. Portanto, nos dias de hoje, o que se sabe sobre os *white collar crimes* praticamente é a mesma coisa que se conhecia cinquenta anos atrás. É por essa razão que o trabalho de campo realizado por Sutherland continua merecendo um capítulo próprio, pois ainda é a melhor seleção de dados e reflexão a respeito dos crimes do colarinho branco disponível. Essa constatação demonstra o quanto ainda precisa ser feito para se alcançar maior proporcionalidade na distribuição da justiça penal.

Os crimes do colarinho branco são matéria praticamente desconhecida em detalhes pela opinião pública, pelos operadores do direito, pela polícia e demais órgãos de reação social estatal. Seu efeito lesivo, entretanto, interfere cada vez mais na

---

32. Como ocorreu no Brasil, com a edição da Lei 7.492/86 (que define os crimes contra o Sistema Financeiro Nacional), Lei 8.078/90 (que define os crimes contra o consumidor), Lei 8.137/90 (que define os crimes contra a ordem tributária, econômica e relações de consumo), Lei 9.279/96 (que define os crimes contra a propriedade industrial), Lei 9.605/98 (que define os crimes contra o meio ambiente) e Lei 9.613/98 (que define os crimes de lavagem de dinheiro), entre outras.

vida social. Muito da grande desigualdade social e do empobrecimento das nações periféricas é produto de práticas econômicas predatórias e que desconsideram os bens coletivos e difusos de tais sociedades. Meio ambiente, relações de consumo, ordem econômica, desenvolvimento social, saúde financeira são considerados bens jurídicos do século XXI. Em plena era de globalização econômica, não se pode deixar para segundo plano a tutela de interesses tão importantes para a sobrevivência das nações e da própria qualidade de vida de seus cidadãos.

E, para que se possa organizar de forma mais adequada a reação social a tais condutas, faz-se necessária uma revisão do papel das instâncias de reação formal e informal. O primeiro passo para atingir esse objetivo é conhecer melhor os *white collar crimes* e as características de sua peculiar reação social.

CAPÍTULO 3. A TEORIA DA ANOMIA

"Cada sociedade tem o criminoso que merece."
(Lacassagne)

O MÉTODO E O OBJETO DAS TEORIAS ETIOLÓGICAS

A teoria da anomia foi a primeira teoria macrossociológica capaz de abranger os crimes do colarinho branco[1]. Embora sua primeira versão tenha sido elaborada em 1938, antes do artigo de Sutherland de 1940, e, em princípio, tenha se voltado à criminalidade das classes mais baixas, seu desenvolvimento permitiu uma formulação de caráter mais amplo, que se adaptasse à criminalidade do colarinho branco.

Trata-se de uma teoria etiológica, ou seja, pertence ao conjunto das teorias que estudam as causas do crime, visto como um dado objetivo, um fato natural. Nem o conteúdo da lei penal nem o processo de criminalização são examinados.

As teorias etiológicas utilizam a metodologia positivista. As bases dessa abordagem consistem em três premissas: a determinação causal dos fatos, a quantificação do fenômeno e a neutralidade do cientista (observador).

A incorporação da causalidade ao repertório das ciências sociais foi a mais importante contribuição do positivismo para a criminologia. Por um lado, libertou o homem das crenças metafísicas para a explicação dos fenômenos sociais e possibilitou a

---

1. A outra teoria macrossociológica que segue a linha etiológica é a teoria das subculturas delinquentes, de Albert Cohen, presente na sua obra *Delinquent Boys*: the Culture of the Gangs, de 1955. Entretanto, como tal teoria se volta apenas ao estudo de camadas inferiores da sociedade, ela não é adequada à explicação da criminalidade do colarinho branco.

evolução dessas ciências. Os fenômenos sociais, tais como os fatos da natureza, passaram a ser explorados como objetos preexistentes, como coisas. Entretanto, por outro lado, esse método, adequado às ciências naturais, sofre algumas limitações no campo das ciências sociais, em razão do caráter valorativo e cultural de seu próprio objeto.

O cientista positivista trabalha com fatos sociais do mesmo modo como um físico ou um biólogo lida com fenômenos naturais. Utiliza o método indutivo, que consiste em partir do estudo do caso particular para a formulação de uma explicação geral. Ou seja, busca descobrir as leis que regem os fenômenos sociais, tal como ocorre nas ciências naturais. O cientista observa o fenômeno em diferentes situações e formula uma hipótese explicativa, de caráter abstrato. Então, sujeita tal hipótese à experiência. Se não é confirmada, a hipótese é abandonada e formula-se outra. Se é confirmada, tem-se um conhecimento positivamente comprovado, um conhecimento científico.

A quantificação dos fenômenos sociais se dá por meio das estatísticas. Foi a busca pela quantificação que motivou Lombroso a examinar criminosos em prisões e manicômios. Hoje, as estatísticas criminais estão cada vez mais abrangentes e diversificadas. Não se pode deixar de ressaltar, porém, que as estatísticas que cuidam de crimes necessariamente se baseiam em categorias jurídicas. Nem sempre elas são apropriadas ao estudo empírico[2]. Não são um critério totalmente seguro, pois, por vezes, não conseguem refletir a realidade do cotidiano social. Já se descobriu que as estatísticas criminais apenas exprimem a criminalidade aparente, e não a criminalidade real, que é muito maior do que a primeira, pois o sistema penal é estruturalmente muito ineficiente[3].

---

2. E essa dificuldade foi percebida particularmente por Sutherland na sua tentativa de quantificar os *white collar crimes*, como se viu no capítulo anterior.
3. Dessa constatação surge a chamada cifra negra, que é a diferença entre a criminalidade legal (aquela que aparece registrada nas estatísticas) e a criminalidade real (a quantidade de delitos verdadeiramente cometida em um momento), que será analisada no capítulo 4.

Por fim, o positivismo prega a neutralidade da ciência. O dado é objetivo. O cientista tem um compromisso com o dado, de descrever o fato sem tecer impressões pessoais. O valor é um problema que interessa apenas à política e deve sempre que possível ser afastado da observação científica. A realidade social como dado, portanto, exclui a questão do valor, não permite críticas ao direito posto e ao sistema de reação social. Isso torna a criminologia positivista apenas uma ciência auxiliar que confere legitimidade ao direito penal. Sua função é a de descrever a realidade criminal previamente qualificada por normas. Essa postura diante de seu objeto lhe dá um caráter conservador.

A teoria da anomia, embora empregue essa metodologia, começa a introduzir (de forma discreta) referência a valores que regem a sociedade, sem, porém, em princípio, contestá-los.

O CRIME É UM FATO NORMAL À FORMAÇÃO SOCIAL

Para a teoria da anomia, o crime é um fato normal à concepção de qualquer sociedade. Foi Durkheim quem primeiramente afirmou que "o crime não é encontrado somente na maioria das sociedades desta ou daquela espécie, mas em todas as sociedades de todos os tipos. [...] É até mesmo um fator de saúde pública, uma parte integrante de uma sociedade sã"[4].

Durkheim entende o crime como um fato social normal e funcional. É um fato que ofende a consciência coletiva consolidada na sociedade, dotado de energia e nitidez particulares. Apesar disso, é um fato generalizado e que desempenha funções sociais. Renova constantemente o consenso da sociedade em torno de determinados valores, torna-os sentimentos coletivos fortes. O crime une a consciência coletiva, reforça as bases ideológicas da comunidade e, por isso, cumpre um papel fundamental na sociedade. Em alguns casos, quando essa rea-

---

4. *As regras do método sociológico*, p. 60.

ção social forte não se manifesta, ele abre caminho para mudanças nos sentimentos coletivos, antecipa uma mudança da moral social[5].

Assim, observando a própria lógica da organização de uma sociedade, é possível compreender o perfil de sua criminalidade e até que nível o crime ocorre de modo funcional. A elevação, assim como a redução anormal e excepcional das taxas de criminalidade, são sintomas de uma patologia social, uma disfuncionalidade.

A teoria da anomia em princípio estuda a criminalidade que, quando de sua elaboração, era tida por disfuncional nos Estados Unidos: a tradicional criminalidade de natureza econômica (direta ou indireta) praticada por indivíduos oriundos dos estratos sociais inferiores, concentrada nas áreas de desorganização social (*slums*). Posteriormente, essa teoria foi expandida para explicar a delinquência nas demais sociedades capitalistas e para abranger crimes praticados também por indivíduos das camadas sociais mais elevadas, como se examinará a seguir.

Por meio da pesquisa de Sutherland, já se podia constatar fortes indícios de que a criminalidade do colarinho branco atingia taxas anormais e era, portanto, patológica e disfuncional à sociedade. Entretanto, a teoria da anomia inicialmente só se ocupou de forma secundária da criminalidade do colarinho branco. O estudo dos *white collar crimes* só se desenvolveu mais recentemente, a partir dos anos 1980, com a segunda geração de sociólogos da anomia[6].

O ARTIGO DE 1938 DE ROBERT MERTON

Foi o sociólogo norte-americano Robert King Merton que elaborou a teoria criminológica da anomia. Merton foi um pro-

---

5. Como ocorreu com Sócrates na Grécia Antiga e com os cientistas na Idade Média. Ibid., p. 67.
6. Principalmente os trabalhos desenvolvidos por Steven Messner, Richard Rosenfeld e Nikos Passas.

fessor prestigiado, com vasta produção[7] no campo da sociologia, que nos anos 1930 concentrou-se no estudo da anomia. O artigo que introduziu a teoria da anomia foi "Social Structure and Anomie", publicado em 1938[8].

De início, Merton afastou as teses biológicas sobre a criminalidade, afirmando que o crime é algo externo ao indivíduo, criado na sociedade, pois, qualquer que seja o papel dos impulsos biológicos no indivíduo, eles não explicam duas importantes questões: por que a frequência do comportamento delitivo varia entre as diversas sociedades e por que o crime assume diferentes características em cada estrutura social. Para Merton, isso ocorre porque é a própria estrutura social que gera as circunstâncias que levam os indivíduos a infringir as normas sociais. Sob determinadas condições sociais, o delito pode ser uma resposta individual normal.

O artigo de Merton pode ser dividido em duas partes, em que se vislumbram duas formulações teóricas complementares: a primeira trata propriamente da teoria da anomia (macrossociológica); a segunda desenvolve seu desdobramento microssociológico, a chamada teoria da tensão ou pressão (*strain theory*).

Merton busca descobrir como algumas estruturas sociais exercem pressão sobre determinadas pessoas para levá-las a cometer delitos, ao invés de se comportarem conforme a lei. Por que sob certo contexto de pressão das estruturas sociais o crime se torna uma resposta esperada e previsível?

Segundo Merton, entre os vários elementos existentes na estrutura social e cultural, dois são de importância imediata para o estudo do crime: as metas ou fins culturais e os meios institucionais de alcançar esses fins. Ele define tais estruturas da seguinte forma:

---

7. Merton foi aluno de Talcott Parsons. Possui doze livros próprios, outros doze que organizou e cento e vinte e cinco artigos publicados em revistas. Rui Lendro Maia, *Dicionário de sociologia*, p. 237.
8. Esse estudo foi originalmente publicado em 1938, na *American Sociological Review*, vol. 3. Foi posteriormente ampliado e revisto e recebeu um capítulo complementar denominado "Continuities in the Theory of Social Structure and Anomie", presente na sua obra *Social Theory and Social Structure*, de 1957.

A estrutura cultural de uma sociedade consiste em metas culturalmente definidas, propósitos e interesses, tidos como objetivos legítimos para todos os diversos membros da sociedade. As metas são mais ou menos integradas – o grau é uma questão empírica de fato – e fortemente ordenadas em uma hierarquia de valor. Envolvendo vários graus de sentimento e significado, as metas principais se tornam referência de aspiração. São fins pelos quais se deve lutar. [...] E acima de tudo, embora estejam diretamente relacionadas a impulsos biológicos do homem, não são determinadas por eles.

A estrutura institucional, por sua vez, regula e controla os modos aceitáveis de alcançar estas metas. Cada grupo social invariavelmente associa suas metas culturais com regras que regulam segundo a moral das instituições, os procedimentos permitidos para se mover até estes objetivos. Essas normas reguladoras não são necessariamente técnicas ou as mais eficientes. Vários procedimentos podem ser mais eficientes para alcançar determinados fins – o exercício da força, fraude, poder – mas estão excluídos da área institucional das condutas permitidas. [...] Em todas as instâncias, a escolha por expedientes para se alcançar as metas culturais está limitada por normas institucionais.[9]

Entretanto, embora as duas estruturas sejam igualmente importantes, a ênfase dada a certas metas culturais varia com relação à ênfase conferida aos respectivos meios institucionalizados de alcançá-las. Essa situação pode produzir uma intensa pressão para alcançar determinadas metas sem a observância dos meios legítimos para atingi-las.

Nessa perspectiva, o comportamento criminoso pode ser considerado um sintoma da dissociação social entre aspirações culturais e meios institucionais. Ou seja, a elevada criminalidade é produto de uma sociedade que exerce forte pressão sobre metas culturais sem a correspondente exigência do cumprimento das normas que ditam os procedimentos para conquistá-las.

O desequilíbrio entre meios e fins leva vários indivíduos a se comportar orientados apenas pela eficiência de seus atos na

---

9. Robert Merton, *Social Theory and Social Structure*, pp. 132-3.

busca das metas culturais, sejam os caminhos eleitos para tanto legítimos ou não. Esse processo de relativização contínua das regras institucionais faz desenvolver na sociedade o estado de anomia (ausência de normas).

A sociedade norte-americana da década de 1930, segundo Merton, imprimia forte ênfase na meta do sucesso financeiro, sem colocar a mesma ênfase nos meios institucionais. O dinheiro é consagrado como um valor em si, que proporciona a qualquer um que o obtenha acesso a classes sociais mais elevadas e a todo o conforto e bem-estar proporcionado pelo consumo. Dinheiro é símbolo de prestígio. Ao mesmo tempo, é um bem abstrato e impessoal, ao alcance de qualquer pessoa. Quando adquirido, de modo fraudulento ou legítimo, ele pode ser usado para adquirir os mesmos bens e serviços.

Segundo Merton, a meta do sucesso financeiro é ilimitada:

> Acima de tudo, no *American Dream* não há ponto final. [...] os americanos querem sempre vinte e cinco por cento mais (mas claro este "apenas um pouco mais" continua a operar cada vez que é conquistado, indefinidamente). [...] Não há um ponto de estabilidade, ou melhor, este ponto estará sempre "um pouco a frente".[10]

Essa meta cultural do sucesso financeiro está incorporada a todas as estruturas sociais. A família, a escola, a igreja, o trabalho – principais instituições de formação dos valores culturais de uma sociedade – impõem intensa disciplina aos indivíduos para o fim de alcançar a meta financeira. Os melhores alunos são os profissionais mais valorizados, e esse valor é medido pelo quanto ganham. Na família, os mais bem-sucedidos são os que acumulam mais riqueza.

Para Merton, portanto, a principal virtude dos norte-americanos, a ambição, promove o seu principal vício, o comportamento desviante.

---

10. Ibid., p. 136.

Em sociedades como a de Merton[11], então, a forte ênfase cultural no sucesso material para todos e a estrutura social que imprime pouca ênfase aos meios legítimos para alcançá-lo cria uma tensão para a violação das normas, favorece práticas criminosas, condutas que se desliguem das normas institucionais. Entretanto, mesmo em situação de pressão, nem todos os indivíduos se tornam delinquentes, pois há logicamente a influência do aspecto índole subjetiva, que não pode ser ignorada.

A ANOMIA

A palavra "anomia" tem origem grega e significa ausência de lei (*a* = ausência; *nomos* = lei). Era usada desde a Grécia Antiga para indicar a violação da lei[12].

O conceito de anomia foi introduzido na sociologia por Durkheim[13] para denotar uma condição de relativa ausência de normas em uma sociedade ou grupo. Referia-se ao estado de anomia como uma característica autônoma da sociedade ou grupo, e não de seus membros, tomados individualmente. O assunto é tratado em sua obras *Da divisão do trabalho social* (1893) e *O suicídio* (1897).

Na primeira obra, Durkheim, ao examinar as formas de organização das forças de trabalho dentro da sociedade, identifica modelos em que essa organização acontece de modo anormal, em que ela não produz a solidariedade entre seus membros. Uma dessas formas anormais de organização do trabalho é a anomia.

> Por sinal, no estado normal, essas regras se destacam por si mesmas da divisão do trabalho; são como o prolongamento desta. [...]

---

11. Atualmente, com o fim do bloco socialista e com o processo de globalização da economia, é a situação de praticamente todas as sociedades capitalistas.
12. Ana Lucia Sabadell, *Manual de sociologia jurídica*. Introdução a uma leitura externa do direito, p. 79.
13. O primeiro autor que se dedicou ao estudo da anomia foi Jean Marie Guyau (1845--88), mas na análise do aspecto da moral individual. Ibid., p. 79.

Ora, em todos os casos que descrevemos acima, essa regulamentação ou não existe, ou não tem relação com o grau de desenvolvimento da divisão do trabalho. Hoje, não há regras que estabeleçam o número das empresas econômicas e, em cada ramo da indústria, a produção não é regulamentada de maneira a permanecer exatamente no nível de consumo. [...] O que é certo é que essa falta de regulamentação não permite a harmonia regular das funções. [...]
Esses diversos exemplos são, pois, variedades de uma mesma espécie; em todos os casos, se a divisão do trabalho não produz solidariedade, é porque as relações entre os órgãos não são regulamentadas, é porque elas estão num estado de anomia.[14]

Ao realizar o estudo sociológico do suicídio, Durkheim também considera a anomia uma das causas da desagregação social. Neste caso, a falta de limites ou regras sociais é causada por mudanças repentinas na sociedade, principalmente de natureza econômica. Refere-se tanto a períodos de progresso acelerado quanto a períodos de depressão econômica. Mas, em ambos os casos, a transformação brusca na sociedade desperta desejos ilimitados e egoístas no homem. A sociedade, ao impor regras a seus membros, impõe limites aos desejos do indivíduo, gerando um equilíbrio entre as necessidades dos homens e os meios para alcançá-las. Quando ocorrem rupturas repentinas nas condições econômicas da sociedade, esses padrões normativos se perdem e não são substituídos imediatamente por outros, o que gera um estado de anomia social.

Assim, não é verdade que a atividade humana possa ser libertada de todos os freios. Não há nada no mundo que possa gozar de tal privilégio. Pois todo ser, sendo parte do universo, é relativo ao resto do universo; sua natureza e a maneira pela qual ele a manifesta não dependem, portanto, apenas dele mesmo, mas dos outros seres que, por conseguinte, o contêm e o regulam. Quanto a esse aspecto, entre o mineral e o sujeito pensante há apenas diferenças de grau e de forma. O que o homem tem de

---

14. Émile Durkheim, *Da divisão do trabalho social*, p. 385.

característico é que o freio ao qual está submetido não é o físico, mas moral, ou seja, social. Ele recebe a lei não de um meio material que se lhe impõe brutalmente, mas de uma consequência superior à sua e cuja superioridade ele sente. Porque a maior e a menor parte de sua vida ultrapassa o corpo, ele escapa ao jugo do corpo, mas é submetido ao da sociedade.

Só que, quando a sociedade é perturbada, seja por uma crise dolorosa ou por transformações favoráveis mas por demais repentinas, ela fica provisoriamente incapaz de exercer essa ação; e daí provêm as bruscas ascensões da curva de suicídios cuja existência constatamos acima. [...]

O estado de desregramento ou anomia, portanto, ainda é reforçado pelo fato de as paixões estarem menos disciplinadas no próprio momento em que teriam necessidade de uma disciplina mais vigorosa.[15]

Após a consagração do termo na sociologia, alcançada por meio dos trabalhos de Durkheim, no século XIX, a anomia como um estado de patologia social foi retomada por Merton em seu artigo, anteriormente analisado, em 1938.

Em complemento ao estudo de 1938, Merton publicou em 1957 o artigo "Continuities in the Theory of Social Structure and Anomie", no qual desenvolveu mais detalhadamente seu conceito de anomia[16]. De início, ele destaca que seu conceito é social, é uma condição de ausência de normas na sociedade ou grupo (tal como empregado por Durkheim). Ressalta que vários autores[17] têm utilizado o conceito de anomia na psicologia como um estado mental. Entretanto, afasta essa perspectiva de sua análise, que é essencialmente social.

O conceito social de anomia envolve a estrutura cultural, de um lado, e a estrutura social, de outro. Como já foi visto, a estrutura cultural abrange os valores legítimos que orientam o comportamento dos membros de uma sociedade ou grupo, e a

---

15. Idem, *O suicídio*, pp. 320-3.
16. Publicado na sua obra *Social Theory and Social Structure*, de 1957.
17. Como R. M. MacIver e David Riesman. Robert Merton, *Social Theory and Social Structure*, p. 162.

estrutura social é o conjunto de relações sociais em que os membros da sociedade são envolvidos de diversas formas. Essas duas estruturas, embora intimamente relacionadas, são analisadas separadamente por Merton. O estado de anomia social ocorre quando há uma ruptura entre as estruturas culturais e sociais, o que acontece quando existe uma grave disjunção entre as metas culturais e a capacidade da estrutura social de proporcionar oportunidades para todos os membros do grupo agirem de acordo como os meios institucionais para atingi-las. Nesse contexto, os valores culturais podem gerar condições favoráveis à produção de comportamentos estranhos aos prescritos pelas normas sociais.

Quando a sociedade se encontra nesse estado, a pressão para o alcance dos valores culturais faz com que a obediência aos meios institucionais seja possível para certos indivíduos e muito complexa ou impossível para outros, dependendo de seu *status*. A estrutura social funciona como uma barreira ou uma porta aberta para os objetivos culturais. Quando as estruturas sociais e culturais estão mal integradas, a primeira requer comportamentos e atitudes que a segunda não consegue oferecer. Há, então, uma pressão para a violação das normas da estrutura social, para a ausência de normas (anomia).

> A teoria da anomia sustenta que há uma extrema ênfase no alcance das metas culturais – quer seja a produção científica, o acúmulo de riqueza, ou com uma dose de imaginação, as conquistas de um Don Juan – que atenua a obediência aos padrões das normas institucionais que regem os comportamentos para alcançar tais metas, principalmente pelos indivíduos que estão em desvantagem nessa competição. Esse conflito entre metas culturais e disponibilidade dos meios institucionais – quaisquer que sejam as metas – produz uma pressão para a anomia.[18]

A meta do sucesso financeiro foi firmemente adotada pela cultura norte-americana nos anos 1930. Além disso, Merton

---

18. Ibid., p. 166.

ressalta que o acúmulo de riqueza não era uma meta exclusivamente capitalista ou norte-americana. Para ele, o sucesso financeiro foi meta de diversos povos, nos mais variados períodos da história[19]. O que tornava a cultura norte-americana da década de 1930 diferente de todas as outras era a ideia que ela passava de que, em tese, qualquer pessoa tinha possibilidade de alcançar esse objetivo. Ou seja, em princípio, todos os membros da sociedade estão incluídos na mesma corrida pelo sucesso[20]. Nesse período, o modelo capitalista ainda estava se desenvolvendo e enfrentava a oposição do modelo socialista. Entretanto, nos dias de hoje, essa ideologia é adotada pela maioria dos países, inclusive pela maior parte daqueles que antes adotavam o socialismo.

Na prática, entretanto, não é simples atingir o sucesso financeiro por meio do trabalho. A grande maioria das pessoas não consegue alcançá-lo dessa forma, pois, por vezes, nem sequer há ofertas de emprego que propiciem tal oportunidade. Essa realidade coloca os indivíduos em constante disputa, situação que gera forte ambição e individualismo, fazendo nascer uma pressão para a anomia social.

A TEORIA MICROSSOCIOLÓGICA DE MERTON (*STRAIN THEORY*)

A segunda parte do artigo de 1938 de Merton trata da extensão psicossocial da situação da anomia. É chamada *strain theory*, teoria da tensão ou pressão. Trata do reflexo da sociedade em anomia nos indivíduos e, em consequência, das diversas formas de comportamentos que pode gerar. Alcançou mais adeptos do que a própria teoria da anomia[21].

---

19. Robert Merton cita Max Weber, que afirma: "Pode-se dizer que o impulso para a aquisição de dinheiro é comum em toda espécie de homens em todos os períodos da história em todos os países da Terra, onde quer que haja possibilidade de alcançá-lo ou recebê-lo" (apud *Social Theory and Social Structure*, p. 167).
20. Robert Merton, op. cit., p. 167.
21. Os principais seguidores da *strain theory* são Albert Cohen, Richard A. Cloward, Lloyd E. Ohlin e Robert Agnew.

Merton traça as cinco possíveis formas de reação de um indivíduo em uma situação de anomia social: conformidade, inovação, ritualismo, apatia e rebelião[22].

A conformidade reflete a normalidade. Ocorre quando o indivíduo aceita a realidade e se adapta às metas culturais e usa os meios institucionais legítimos para alcançá-las. Tal comportamento não produz o desvio.

A inovação é a reação do criminoso produzida pela anomia. É a resposta do indivíduo que busca os fins culturais, mas rejeita os meios institucionais legítimos para alcançá-los. Ao perceber que os meios legítimos não estão ao seu alcance, tenta alcançar as mesmas metas servindo-se de meios socialmente reprováveis. Essa reação gera o comportamento desviante.

O ritualismo é a reação do sujeito que, sem se guiar pelos fins culturais (já que não pode alcançá-los), cumpre as normas institucionais cegamente.

A apatia ou evasão é o afastamento tanto das metas como dos meios para alcançá-las. São indivíduos que vivem à margem da sociedade (mendigos, doentes mentais, viciados, alcoólatras). É uma resposta individual minoritária.

Por fim, a rebelião consiste na eleição de metas distintas daquelas adotadas pela sociedade e meios também distintos de alcançá-las. Há rejeição das metas e meios dominantes. Caracteriza-se pelo inconformismo e pela revolta. Também gera o desvio, mas com características distintas da criminalidade comum (terrorismo e crimes políticos em geral).

O *AMERICAN DREAM*

A sociedade norte-americana do começo do século XX vivia uma fase de plena prosperidade, em que era possível à grande maioria da população ter acesso a um padrão de vida satisfatório, de classe média. Denominou-se esse estilo de vida de

---

22. Robert Merton, op. cit., p. 140.

American Dream, entendido como o comprometimento com a busca de sucesso material, a ser perseguido por todos na sociedade, em uma competição aberta e individual[23]. Tornou-se um símbolo cultural da sociedade norte-americana do início do século XX e permanece até hoje fortemente incorporado aos valores difundidos de forma global por essa sociedade. As pessoas são socializadas para aceitar o desejo de perseguir a meta financeira e encorajadas a acreditar que as chances de realizar essa meta (*Dream*) são suficientemente altas para justificar um esforço contínuo nesse sentido.

O termo *American Dream* foi introduzido na análise social pela primeira vez em 1931 pelo historiador James Truslow Adams, para descrever sua versão de uma sociedade aberta às conquistas individuais. Denominou seu estudo *The American Dream*. Entretanto, esse título, em princípio, foi rejeitado por seus editores, para os quais, após o período da Grande Depressão, os consumidores não gastariam seu dinheiro para adquirir um sonho. A obra terminou sendo publicada com seu título original. Contrariando as expectativas, o termo se tornou notório e é empregado até hoje como um *slogan* do conforto material e oportunidade individual do estilo de vida da classe média norte-americana: um carro, uma casa, educação para as crianças, um plano de previdência etc.[24]

Messner e Rosenfeld sintetizaram o *American Dream* em quatro valores fundamentais: o sucesso, o individualismo, o universalismo e o fetichismo do dinheiro.

A cultura capitalista é orientada para a conquista, para o sucesso. As pessoas são encorajadas a estabelecer metas pessoais e persegui-las com empenho. Ao mesmo tempo, o valor das pessoas tende a ser medido com base no resultado de seus esforços. O sucesso é, em última análise, o valor da própria personalidade.

O individualismo é um reflexo da autonomia e da liberdade. As pessoas são estimuladas a buscar pessoalmente o suces-

---

23. Steven Messner e Richard Rosenfeld, op. cit., p. 6.
24. Ibid., p. 6.

so, por si sós. Membros da sociedade estão sempre competindo entre si para alcançar seus objetivos e, posteriormente, ter o seu trabalho pessoal valorizado. Valoriza-se aquele que vence sozinho, com seu próprio esforço.

O universalismo é a oportunidade de qualquer pessoa de obter sucesso. É a socialização das metas culturais. Representa a principal marca da ideologia norte-americana. Todas as pessoas, independentemente de suas condições pessoais, são encorajadas a aspirar à ascensão social, a buscar as metas culturalmente definidas.

O dinheiro é, ao mesmo tempo, o meio e o fim de alcançar o sucesso. É a prioridade na cultura norte-americana, é um valor em si. E sua busca é ilimitada, pois seu acúmulo sempre propicia mais sucesso e conforto. É tanto o objetivo do morador do *slum* quanto do executivo que pratica *white collar crimes*.

O *American Dream* gera um duplo efeito na sociedade. O seu forte apelo para a competição e a conquista do sucesso trouxe inúmeros benefícios à sociedade norte-americana. O comprometimento com seus valores culturais proporcionou uma motivação para a expansão econômica, extraordinária evolução tecnológica e a esperança de mobilidade social. Mas há uma característica paradoxal no *American Dream*: ele também traz consequências indesejáveis, pois, com sua forte ênfase na busca do sucesso, gera pressão para alcançá-lo a qualquer custo. E, com essa pressão, surge uma tendência à anomia social, situação em que o desvio inovador se torna uma resposta individual previsível. A valorização da competição individual, que faz nascer a ambição e a mobilidade, conduz as pessoas ao egoísmo e enfraquece o senso de comunidade. Por fim, a preocupação com a compensação financeira, que impulsiona a economia de mercado, restringe de maneira severa a preocupação das pessoas com os meios institucionais para alcançá-la.

A CRIMINALIDADE DO COLARINHO BRANCO E A ANOMIA

Em 1938, quando pela primeira vez foi formulada a teoria da anomia, a questão dos crimes do colarinho branco ainda não era discutida pela criminologia. Os estudos se empenhavam em buscar as causas da criminalidade com base nas estatísticas oficiais, o que se traduzia essencialmente no estudo dos crimes patrimoniais praticados pela classe mais baixa, por jovens negros e imigrantes, que habitava as áreas dos *slums* e não era absorvida pelas indústrias[25].

Apesar de não constituir sua preocupação central, a criminalidade do colarinho branco pode ser compreendida à luz da teoria da anomia. Foi a primeira teoria de perspectiva macrossociológica que possibilitava uma explicação para os *white collar crimes*. Tal formulação, entretanto, não chegou a ser desenvolvida por Merton.

Merton, depois da publicação do trabalho de Sutherland, chegou a mencionar os *white collar crimes* na revisão de seu artigo de 1964, embora o tenha feito apenas de forma passageira em sua construção microssociológica: a teoria da tensão ou pressão (*strain theory*). Identificava no *white collar crime* uma resposta sob a forma de inovação, tal como a criminalidade comum. Ou seja, a existência do *white collar crime* apenas refletia a pressão gerada pelas metas de sucesso econômico aplicadas ao mundo dos negócios. Homens de negócios autores de crimes, pouco perseguidos, aderem ao modelo inovador, ou seja, buscam suas metas de enriquecimento sem interiorizar os meios institucionais legítimos para alcançá-las.

> A forte ênfase na meta cultural convida a esse modo de adaptação (inovação) pela substituição dos meios institucionais por meios mais eficientes de alcançar o sucesso – riqueza e poder. Essa resposta ocorre quando o indivíduo assimilou a meta cultural sem interiorizar as normas institucionais que regulam os meios de alcançá-la. [...]
> Do ponto de vista psicológico, o forte envolvimento emocional em um objetivo pode gerar um impulso a correr riscos, e

---

25. Pois, na sociologia, predominavam os ensinamentos da Escola de Chicago (Ernest Burgess, Shaw e McKay) e das teorias do aprendizado (Suhterland, em sua primeira fase).

esta atitude pode ser adotada por pessoas de quaisquer estratos sociais.[26]

Entretanto, embora soubesse da existência da criminalidade do colarinho branco e reconhecesse nela também um produto de pressão de uma sociedade com tendência à anomia, Merton entendia que tal pressão era mais intensa nas camadas mais baixas.

Para Messner e Rosenfeld, a construção de Merton pode ser ampliada para explicar o comportamento dos criminosos do colarinho branco. Há, da mesma forma, uma pressão anômica vivenciada por executivos de grandes empresas[27]. Esses indivíduos são submetidos a uma intensa pressão para aumentar os lucros, sob coerção estrutural, em um ambiente de extrema competitividade e individualismo. Em tal situação há uma inovação generalizada que eleva a ocorrência de crimes do colarinho branco. Os crimes praticados pelos indivíduos mais pobres e pelos mais ricos surgem a partir do mesmo mecanismo, descrito pela perspectiva da anomia.

Nikos Passas afirma que também a vida dos ricos e poderosos é afetada pela anomia. Ressalta que os meios de comunicação contribuem para gerar o desejo nos mais ricos por um estilo de vida luxuoso.

> Portanto, há relativa privação e a tensão anômica não deve ser esperada apenas nas classes mais baixas. Os "problemas" das pessoas nas classes de hierarquia mais alta podem ser adquirir um segundo carro, um carro ou uma piscina como a do vizinho, mais poder, maior renda e daí por diante.[28]

O próprio Sutherland via na teoria da anomia, em sua época, a única formulação macrossociológica capaz de explicar a

---

26. Robert Merton, op. cit., p. 141.
27. Steven Messner e Richard Rosenfeld, op. cit., p. 55.
28. Nikos Passas, "Anomie, reference groups, and relative deprivation", in: Nikos Passas e Robert Agnew (org.), *The Future of Anomie Theory*, p. 76.

criminalidade do colarinho branco, embora a tenha afastado por achá-la pouco precisa e operacional:

> A associação diferencial é a hipótese de explicação do crime do ponto de vista do processo pelo qual uma pessoa se inicia no crime. A desorganização social é a hipótese de explicação do crime do ponto de vista da sociedade. Essas duas hipóteses são consistentes e complementares. Ambas se aplicam ao *white collar crime*.
> A desorganização social pode ser de dois tipos: anomia, ou falta de padrões que orientem o comportamento de seus membros; ou a organização da sociedade em grupos que estejam em conflito com práticas específicas. Em síntese, a desorganização social pode aparecer na forma de falta de *standards* ou conflito de *standards*. [...]
> A explicação do crime em termos de desorganização social foi adotada por vários criminólogos por pelo menos uma geração. Ela não provou ser uma hipótese útil até o presente momento. Falta precisão na definição de desorganização social, seu conceito com frequência inclui aspectos éticos que interferem na sua utilidade como um conceito analítico. Também, essa hipótese não pode ser testada validamente.[29]

Sutherland fazia críticas semelhantes às que ele mesmo recebera: falta de precisão e emprego de termos valorativos. Trata-se, na verdade, de uma fase de transição da metodologia e dos pressupostos científicos do positivismo. As teorias macrossociológicas não conseguirão aproximar-se da realidade cotidiana enquanto não reconhecerem o crime como um fenômeno cultural e que sofre inegável influência de valores sociais e de seu próprio observador.

A POLÍTICA CRIMINAL

A teoria da anomia e seu desdobramento psicossocial, a *strain theory*, deram ensejo a duas correntes de política criminal

---

29. Edwin Sutherland, *White Collar Crime*: the Uncut Version, p. 257.

que traduzem basicamente as principais linhas de atividade estatal no combate ao crime até os dias de hoje: a conservadora e a liberal. Nenhuma dessas linhas de política, contudo, conseguiu reduzir os níveis da criminalidade de forma geral.

Como abordado anteriormente, a sociedade norte-americana dos anos 1930 e, na época atual, as sociedades capitalistas que adotaram sua ideologia vivem uma tendência para a anomia. E é a pressão gerada para alcançar o sucesso financeiro que faz crescer o delito, na forma da inovação, como resposta individual normal e esperada dos membros dessas sociedades.

A política criminal de caráter conservador emprega de modo explícito a metáfora da guerra. Declara guerra aos crimes considerados mais graves pelas autoridades governamentais, tal como *war on poverty, war on drugs, war on terror*[30]. Prega um maior controle dos meios institucionais, com o fortalecimento da atuação repressiva dos mecanismos de controle social e aplicação do direito penal. Incrementou-se a atividade da polícia nas ruas e, em consequência, de todos os institutos de repressão. O cidadão de bem deve retomar o controle da sociedade, perdido para os delinquentes, os quais devem ser conduzidos às prisões. Os julgamentos devem ser rápidos e as penas, severas.

Assim, Messner e Rosenfeld descrevem a política conservadora:

> Deixe-nos resumir brevemente o cenário conservador. A polícia age claramente para remover criminosos das ruas, os promotores não propõem acordos para minimizar as penas, os juízes e o júri têm pouca discricionariedade para aplicar a pena (por exemplo, a lei "*three strikes*" prescreve a sentença de prisão para quem praticar crimes três vezes), e mais criminosos receberão sentenças mais longas por seus crimes. Os condenados ficam presos por longos períodos, tanto por cumprir sentenças longas quanto pela menor discricionariedade para dar voz aos presos.[31]

---

30. Ainda não houve nenhuma política específica de *war on white collar crimes*.
31. Steven Messner e Richard Rosenfeld, op. cit., p. 36.

Trata-se de um mecanismo de dissuasão ao cometimento de delitos. Gera elevados custos estatais na manutenção das prisões e de toda a expansão dos órgãos de controle social para absorver essa maior demanda de criminosos. Mas funciona de forma política, diante daqueles crimes que elege para reprimir[32].

A corrente liberal enfatiza a política penitenciária e as reformas sociais como meios de proporcionar aos socialmente excluídos o acesso ao *American Dream* por meios legítimos. Baseia-se na premissa de que o pobre e o excluído querem agir conforme a lei e apenas cometem crimes porque isto é necessário para alcançar suas metas culturais, já que não conseguem alcançá-las pelos meios legítimos. A tentação ao crime poderá ser reduzida se for dado acesso por meios legítimos àqueles que não tiveram oportunidades. E aos que já ingressaram no sistema criminal deve-se proporcionar a reabilitação e a reforma, com ênfase no trabalho, para permitir que consigam efetivamente uma profissão quando retornarem ao convívio social[33].

As medidas liberais também não conseguiram ser mais eficazes do que as medidas conservadoras na redução da criminalidade de forma geral[34]. Na verdade, o cenário da criminalidade permanece sem grandes alterações e as preocupações da política criminal nos últimos cinquenta anos permanecem as mesmas.

A política criminal liberal não se aplica aos crimes do colarinho branco, já que seus autores são indivíduos com acesso aos meios institucionais mas que nem por isso deixam de comportar-se de forma desviante.

---

32. Nos Estados Unidos, é a proposta adotada principalmente pelo Partido Republicano que predominou de 1968 a 1992 e esteve novamente em vigor na gestão desse partido em 2005.
33. Nos Estados Unidos, a mais conhecida medida liberal foi a chamada *war on poverty* na década de 1960. Na mesma época, o *Mobilization for Youth Program* buscou reduzir o crime na área pobre de Manhattan com educação e oportunidades de emprego. Foi organizado por Richard Cloward, sociólogo da teoria da tensão (Steven Messner e Richard Rosenfeld, op. cit., p. 97).
34. A criminalidade inclusive cresceu durante o período da reforma liberal entre os anos 1960 e 1970. Cf. ibid., p. 97.

Segundo Messner e Rosenfeld:

> A falha da política liberal no controle da criminalidade, para nós, se deve à incompleta compreensão das fontes da criminalidade nos Estados Unidos. [...] Os liberais ignoram a pressão cultural para o crime que emana do próprio *American Dream*, para a competição na busca do sucesso financeiro. Maior igualdade nas oportunidades e redistribuição dos recursos econômicos não podem, por si só, diminuir a importância de vencer e perder, a forte tentação de tentar vencer por qualquer meio necessário.[35]

É essa compreensão que retira o problema criminal simplesmente da pobreza e da falta de oportunidade e considera como elemento mais importante a pressão por sucesso. Tal pressão sem limites imposta pelo *American Dream* explica a existência dos *white collar crimes* e torna as políticas liberais ineficazes em seu controle, simplesmente por não levá-los em consideração.

A falha nessas duas linhas de política criminal, segundo Messner e Rosenfeld, se deve ao fato de elas serem prisioneiras do *American Dream*. Os conservadores, ao elegerem um "inimigo" (pessoas que representam um perigo para a sociedade) e empreenderem uma guerra; e os liberais, ao elegerem como "inimigos" as más condições sociais. Ambos não enxergam seus "inimigos" como um elemento da própria cultura.

A onerosa estratégia conservadora de controlar o crime incorpora a qualidade da anomia da cultura do *American Dream*: perseguir seus fins por qualquer meio necessário. Já a política liberal, ao contrário, fortalece outro elemento criminógeno dessa cultura: a excessiva ênfase na competição, na luta individual por sucesso financeiro, pois defende justamente o fortalecimento dessa ideologia para resolver os problemas causados por ela mesma.

Ou seja, ambas as linhas de política criminal reproduzem as condições culturais e sociais que geram os altos índices de criminalidade nos Estados Unidos e nos países que adotam seus ideais capitalistas.

---

35. Ibid., p. 98.

A alternativa para conter as causas do crime implica mudanças estruturais, e não simplesmente nova política social. Se o cenário da criminalidade é produto do funcionamento da própria sociedade, sua redução deve ser buscada por meio da alteração dessa ideologia, e não dentro dela. Dentro dos limites impostos pela própria sociedade, ela alimenta e gera sua própria criminalidade.

CRÍTICAS

Várias foram as críticas feitas à teoria da anomia, e as principais serão expostas a seguir.

A primeira crítica surge da seguinte indagação: se a sociedade está em anomia, por que o comportamento desviante não é predominante, como acontece com o comportamento conforme a lei? Questiona ainda como se explicaria a predominância do comportamento conformista[36].

Essa crítica, porém, se atém mais aos aspectos individuais do que aos estruturais, já que o estado de anomia causa desagregação da consciência social e as pessoas passam a agir de forma egoísta. Assim, o que determinaria a adoção de uma ou outra conduta é uma opção individual, determinada pelo aspecto psíquico de cada um.

Cabe mencionar a metáfora de Hassemer e Muñoz Conde:

> Assim, por exemplo, é evidente que, no caso de náufragos, as formas de reação de um vêm a ser determinadas por distintos traços de sua personalidade, que fazem uns mais egoístas ou menos solidários com os demais do que os outros. Há quem só queira salvar-se a todo custo, inclusive enganando ou atacando os demais, e outros que agem de forma mais objetiva e buscam uma solução que dê as mesmas oportunidades a todos de se salvarem ou de morrer. Ainda que o exemplo seja extremo, as mesmas atitudes se podem observar na vida ordinária, quando se trata de

---

36. Winfried Hassemer e Francisco Muñoz Conde, *Introducción a la criminología*, p. 116.

conseguir uma meta ou objetivo valioso [...] são a personalidade, a inteligência, a constituição física etc. que condicionam também as diversas atitudes dos mesmos.[37]

Sob o ponto de vista estrutural, o importante é notar a produção do estado de anomia pelo conflito de valores, e não sua repercussão na individualidade de cada um. Além disso, a afirmação de que o comportamento conforme à lei seria predominante também não parece demonstrável. As estatísticas criminais dizem muito pouco a respeito da realidade, principalmente no que se refere aos crimes do colarinho branco, pois não há uma margem precisa da incidência de comportamentos ilícitos, se ela é maior ou menor do que a ocorrência de comportamentos conformes à lei. Existem apenas indícios de que são desvios bastante comuns.

Outra crítica recorrente é aquela segundo a qual não há consenso na sociedade nem a meta do sucesso financeiro é suprema. Haveria outros objetivos sociais igualmente importantes[38]. Porém, tal crítica não leva em conta que Merton não afirmava que o dinheiro é o único fim. E, mesmo que se elejam outros fins, na época atual é impossível alcançar qualquer um deles sem o dinheiro. Então, ainda que não seja pela simples ambição do sucesso, mas como meio de alcançar qualquer outro fim eleito, a busca pelo dinheiro é uma necessidade incontestável que move os membros da sociedade contemporânea.

Critica-se também o fato de a teoria da anomia concentrar-se na explicação da criminalidade de classe baixa, e não da classe dos poderosos[39]. Essa crítica, entretanto, não deve ser feita apenas ao trabalho de Merton, mas a toda a criminologia. Quanto a esse aspecto, conforme se demonstrou neste capítulo, embora a formulação da teoria tenha se baseado nas classes mais baixas, suas premissas podem ser aplicadas aos comportamen-

---

37. Ibid., pp. 116-7.
38. Ana Lucia Sabadell, *Manual de sociologia jurídica*. Introdução a uma leitura externa do direito, p. 88.
39. Steven Messner e Richard Rosenfeld, op. cit., p. 55.

tos criminosos das classes mais elevadas. Ou seja, tal como fez Sutherland com a teoria da associação diferencial, é comum que teorias criminológicas sejam criadas para a criminalidade das classes baixas e somente em um segundo momento sejam aplicadas aos *white collar crimes*.

A política criminal de Merton, que segue a linha liberal de aumento das oportunidades, também é criticada[40]. Neste ponto, a crítica é pertinente, pois, como foi analisado no item anterior, a política criminal liberal apenas reforça as metas culturais do *American Dream*, o que termina por alimentar a sociedade criminógena.

Por fim, critica-se o conceito de anomia empregado por Merton[41]. Afirma-se que é impreciso e diferente da formulação original de Durkheim. Como foi visto no início deste capítulo, Durkheim, pessimista com o processo de industrialização, entendia que ele causava desregulamentação, removia as formas tradicionais de controle social, sem substituí-las por outra moral[42]. Para Merton, a anomia era o produto da falta de controle dos meios institucionais para alcançar as metas culturais. Para ambos, porém, a falta de regulação do comportamento é um elemento cultural da sociedade capitalista industrial. Até este ponto, ambos utilizam conceitos, se não idênticos, com sentidos próximos.

---

40. Jorge de Figueiredo Dias e Manoel da Costa Andrade, *Criminologia*: o homem delinquente e a sociedade criminógena, p. 338.
41. Steven Messner e Richard Rosenfeld, op. cit., p. 55.
42. Émile Durkheim, *Da divisão do trabalho social*, p. 385.

CAPÍTULO 4. *LABELING APPROACH*

"Cada sociedade tem o criminoso que quer."
(H. Becker)

A CRISE DO PARADIGMA ETIOLÓGICO

Na década de 1960, as teorias que seguiam o paradigma etiológico para o estudo do crime foram objeto de contestação, principalmente no tocante a seus pressupostos metodológicos.

As teorias etiológicas adotavam um modelo estático de sociedade. Seu pressuposto era o consenso de seus membros em torno de certos valores relevantes para todo o grupo. Tais valores, embora identificados e descritos, não eram objeto de crítica criminológica, eram tomados como um dado.

Ao adotar essa concepção de sociedade, as teorias etiológicas buscavam descrever o funcionamento das estruturas sociais, identificar as causas da criminalidade e, então, elaborar propostas para sua redução. As soluções, contudo, deveriam surgir de dentro do sistema social, de acordo com seus valores e suas estruturas. Não poderiam implicar nenhuma alteração das bases político-econômicas de organização da sociedade, mas se conformar a elas.

Alguns sociólogos dos Estados Unidos, na década de 1960[1], passaram a perceber que a criminalidade emanada das estatísticas criminais era apenas produto de uma construção humana, intelectual, de natureza cultural, e não um fenômeno natural, que podia ser apreendido de forma puramente empírica. Perceberam que os dados estatísticos que serviam de base aos estu-

---

1. Howard Becker, Edwin Lemert, Edwin Schur, entre outros.

dos da criminologia etiológica eram construídos por meio de um processo de atuação de instâncias oficiais de controle, que selecionavam alguns fatos de dentro da sociedade, interpretavam-nos e definiam-nos como criminosos.

Esse processo não se assemelhava à ocorrência dos fatos da natureza e não podia ser estudado da mesma forma que eles. O crime é, pois, um fato cultural; sua definição sofre a influência subjetiva do observador e de seus valores, não é um dado neutro. Portanto, era inadequado aplicar-lhe a metodologia das ciências naturais.

As estatísticas criminais, como já percebera o próprio Sutherland, não refletiam a criminalidade real, revelavam apenas a chamada criminalidade aparente. Havia, assim, uma criminalidade que não era visível nas estatísticas, que constituía a chamada cifra negra.

A cifra negra é o resultado da diferença entre os crimes efetivamente praticados (criminalidade real) e os crimes punidos pelo sistema penal (criminalidade aparente, das estatísticas). Ou seja, é a criminalidade não registrada oficialmente[2]. É impossível quantificar a verdadeira dimensão da cifra negra; as estimativas variam bastante. Enquanto para Hassemer e Muñoz Conde ela é o dobro da criminalidade registrada[3], Fritz Sack acreditava que é superior a noventa por cento da criminalidade oficial[4] e Louk Hulsman, mais pessimista, afirma ser superior a noventa e nove por cento[5]. Tomando por base a suposição de qualquer um desses autores, conclui-se que a adoção das estatísticas como fonte científica de elaboração de teorias de caráter

---

2. As causas da existência da cifra negra se prendem às falhas dos próprios filtros pelos quais o crime é conhecido no processo de reação social. São eles, nesta ordem: a) crimes não observados mas praticados; b) crimes observados mas não registrados; c) crimes registrados mas não esclarecidos; d) crimes esclarecidos mas não denunciados; e) crimes denunciados mas que não resultam em condenação.
3. Winfried Hassemer e Francisco Muñoz Conde, *Introducción a la criminología*, p. 139.
4. Fritz Sack, Neue Perspektiven inder Kriminologie, in: *Kriminalsoziologie*, Frankfurt: Frankfurt a. M., 1968, apud Alessandro Baratta, *Criminologia crítica e crítica do direito penal*: introdução à sociologia do direito penal, p. 105.
5. Louk Hulsman, "El enfoque abolicionista: políticas criminales alternativas", in: *Criminología crítica y control social*, p. 75.

absoluto sobre o crime gera distorções da realidade. Não se pode criar teorias etiológicas de caráter geral tendo por base uma amostra tão pouco representativa da realidade criminal.

A existência da cifra negra também revela que certas condutas e pessoas não são objeto do processo criminal, não integram as estatísticas dos tribunais e da polícia, embora realizem comportamentos descritos na lei como crime. Essa diferença de reação do sistema criminal aparentemente não se baseava na gravidade social das condutas, mas em outros fatores, de caráter predominantemente político, que a nova perspectiva criminológica se propõe justamente a descobrir.

O pressuposto da neutralidade da sociedade e de seu sistema punitivo, adotado pela metodologia positivista, foi contestado, com a colaboração da pesquisa de Sutherland sobre o *white collar crime*.

Os órgãos de controle estatal reagem de forma diferente a determinados fatos e a determinadas pessoas. As definições de criminosos recaem com frequência sobre pessoas de classe mais baixa, com o mesmo perfil[6]. Os agentes estatais responsáveis pela seleção e definição de condutas criminosas concentram seu controle e sua vigilância de forma mais intensa sobre essas pessoas, suas atividades, os locais onde habitam. De forma diversa é o controle exercido sobre outros grupos de pessoas, de classe mais elevada, tais como os autores de *white collar crime* que, de forma geral, estão livres do estigma da definição de criminosos.

Não é correto afirmar, entretanto, que apenas as pessoas de classe mais baixas cometem crimes. Sua frequência é maior nas estatísticas porque os atos cometidos por essas pessoas são selecionados preferencialmente para ingressar no sistema de controle social.

A principal proposta metodológica do paradigma da reação social é o estudo do funcionamento do sistema de reação social,

---

6. Pessoas de classes mais baixas, moradoras de determinados bairros, com estrutura familiar e educação semelhantes, conforme análise da Escola de Chicago e da teoria das subculturas criminais.

como instância produtora do próprio crime e dos criminosos de uma sociedade.

Esse novo paradigma foi trazido para a criminologia pela perspectiva do *labeling approach* que, por sua vez, fundamenta-se na teoria sociológica do interacionismo simbólico.

O INTERACIONISMO SIMBÓLICO

A teoria sociológica do interacionismo simbólico foi a base para o desenvolvimento da perspectiva criminológica do *labeling approach*. Os criadores dessa teoria foram os sociólogos George Herbert Mead, Erving Goffman e Herbert Blummer.

Em sua obra *Mind, Self and Society* (1934), George H. Mead afirma que a realidade social não existe como um dado, como uma realidade ontológica. Ela é construída sobre o significado conferido a determinados objetos por meio de um processo comunicativo de interação entre os membros da sociedade.

> Toda nossa experiência com o mundo – a natureza tal como a experimentamos – está basicamente relacionada com o processo social da conduta, um processo em que os atos são iniciados por gestos que funcionam como tais, porque, por sua vez, provocam reações adaptativas de outros organismos, que completam os atos que elas iniciam, ou indicam tal complementação. Ou seja, o conteúdo do mundo objetivo, tal como o experimentamos, está constituído, em grande medida, pelas relações do processo social e com ele, e, especificamente, pela relação triangular com a significação, que é criada dentro desse processo. Todo o conteúdo do espírito e da natureza, na medida em que adquire o caráter de uma significação, depende dessa relação triangular, dentro do processo social e entre as fases componentes do ato social, que a existência e a significação pressupõem.[7]

---

7. George Mead, *Espíritu, persona y sociedad*: desde el punto de vista del conductivismo social, pp. 145-6.

O indivíduo é ativo e criativo, ou seja, não recebe passivamente as informações, os valores, as normas, os papéis ou os *status* no meio em que atua, mas se relaciona com eles, interpreta-os e, em seguida, exterioriza o comportamento. Ele se conduz por um mecanismo de autointeração (*self interaction*). Atua em seu próprio meio e, assim, cria os objetos tais como são.

Mead distingue as coisas (*thing*) dos objetos (*object*). As coisas são os estímulos que existem antes e independentemente do indivíduo, e os objetos existem só em relação aos atos humanos. O homem atua sobre esse produto natural (coisa) e o converte em algo com um significado para ele (objeto).

Como fato social, o crime não pode ser analisado como uma simples coisa (*thing*), independentemente da percepção do homem. Não é um dado ontológico. Ele é objeto (*object*), uma situação dotada de significado, atribuído por homens-observadores.

O "eu" individual (*Self*), para Mead, apresenta duas faces: o eu (*I*) e o mim (*Me*). O eu constitui uma tendência espontânea ou impulso para uma ação, uma resposta desorganizada, não refletida, do organismo à atitude dos outros; e o mim é um conjunto organizado de valores dos outros que o indivíduo assume para si, são perspectivas de si mesmo que ele apreende dos demais.

As atitudes dos outros que constituem o mim se relacionam com o eu. É o mim que regula o comportamento das pessoas socializadas, enquanto a espontaneidade do eu permite certo grau de inovação e criatividade, assim como certo grau de liberdade a respeito do controle dos demais. Mas é dessa combinação que se forma a personalidade tal como se exterioriza na experiência social. As pessoas são, para Mead, um processo social que ocorre com essas duas faces distinguíveis, que permitem tanto a criatividade humana quanto a existência de uma responsabilidade consciente.

Os atos humanos se formam da interação com os outros, por meio de um processo de comunicação em que cada um assume o papel do outro. Ou seja, o "eu" individual é um produto social. A forma como atuamos e nos vemos como indivíduos é consequência da reação do nosso individualismo com a forma como outras pessoas atuam com relação a nós (sejam verdadeiras ou não as impressões que elas venham a ter de nós). Se os demais nos veem como estranhos ou diferentes, provavelmente nos consideraremos diferentes e seremos tratados também de modo diferente.

Tenho afirmado que a pessoa aparece na experiência essencialmente como um *me* com a organização da comunidade à qual pertence. Essa organização se expressa nas características particulares e na especial situação social do indivíduo. Esse é um membro da comunidade, mas é uma parte especial da comunidade, com uma herança e uma posição especiais que o distinguem de todos os demais. E o que é enquanto membro dessa comunidade, e as matérias-primas que geram esse indivíduo especial não constituiriam a pessoa, a não ser pela relação do indivíduo com a comunidade da qual faz parte. Assim, ele tem consciência de si mesmo como tal, e isso não só pela relação à cidadania política, ou em sua condição de membro de grupos que integra, mas também do ponto de vista do pensamento reflexivo.[8]

Nesse contexto, quanto ao crime, pode-se dizer que uma coisa é cometer um ato definido como crime, e outra muito diferente é ser acusado e qualificado como tal, ou seja, definido como um criminoso.

O rótulo de criminoso faz com que o indivíduo seja associado socialmente a alguém que costuma praticar delitos, gera uma alteração na concepção social do indivíduo. Como a identidade é uma fusão das características particulares do indivíduo com sua situação social, ela certamente será afetada. Esse fenômeno será analisado posteriormente na gênese da delinquência secundária.

Herbert Blumer foi discípulo de Mead e difundiu o termo "interacionismo simbólico" em suas obras *Men and Society* (1937) e *Society and Simbolic Interaction* (1962). Definiu o interacionismo simbólico como uma forma peculiar e distinta de interação que

---

8. Ibid., p. 225.

ocorre entre os seres humanos[9]. Para ele, tanto o indivíduo constitui a sociedade quanto a sociedade constitui o indivíduo. O pensamento e o "eu" individual são produto do ambiente social, e a conduta humana é produto de símbolos sociais comunicados entre os indivíduos. É só por meio desse processo de comunicação (simbólico) que os seres humanos chegam a definir-se a si mesmos e aos demais.

A interação, para Blumer, envolve algo mais que um simples mecanismo de estímulo-resposta. Introduz a interpretação como um terceiro elemento de interação, passando a se constituir de estímulo-interpretação-resposta. Assim, quando A atua, B percebe sua ação e busca descobrir seu significado. Então, B responde de acordo com a maneira como interpretou o ato de A, o qual, por sua vez, reage segundo o significado que atribui à resposta de B. Desse modo, o estímulo de forma pura e isolada não é levado em conta para a reação de B nem para a resposta seguinte de A. O "eu" individual é criativo e ativo (como proposto por Mead). Na interpretação dos atos pelo indivíduo interferem forças sociais e psicológicas, o que a torna um processo dinâmico.

Dessa forma, também para Blumer, o significado das coisas resulta da interação social que uma pessoa tem com os demais membros da sociedade. O significado é um produto social; não é algo dado, ou inerente às coisas, mas uma criação social. Os significados constituem o produto de uma interação social nas sociedade humanas.

O significado dos fatos é manipulado e modificado por meio de um processo interpretativo usado por cada pessoa em sua relação com as coisas que encontra. E a pessoa o faz em um processo de diálogo interior, em que leva em conta o que pensam as demais pessoas. Os significados são tratados por cada indivíduo em um processo interpretativo, utilizado para associar os signos que encontra. O homem é um construtor de seu mundo, nessa interação entre seu meio e seu interior.

---

9. Herbert Blumer, *Men and Society*, NewYork: NewYork Press, 1940, apud Miguel Langon Cuñarro, *Criminología sociológica:* el interacionismo simbólico, estudios de etnometodologia, las teorias del conflicto, p. 17.

O sociólogo canadense Erving Goffman também desenvolveu aspectos do interacionismo simbólico, destacando-se a questão do estigma, em suas obras *The Presentation of Self in Everyday Life* (1956), *Asylum* (1961) e *Stigma: Notes on the Management of Spoiled Identity* (1963).

Para Goffman, cada indivíduo tem uma identidade social real, composta de categorias e atributos que lhe pertencem e podem ser demonstrados. E existe também uma identidade social virtual, que é concebida por cada um de nós a respeito de um indivíduo apresentado. Essa identidade abrange um conjunto de expectativas que cada pessoa é capaz de gerar nas demais.

> A sociedade estabelece os meios de categorizar as pessoas e o total de atributos considerados como comuns e naturais para os membros de cada uma dessas categorias. Os ambientes sociais estabelecem as categorias de pessoas que têm probabilidade de serem neles encontradas. As rotinas de relação social em ambientes estabelecidos nos permitem um relacionamento com "outras pessoas" previstas sem atenção ou reflexão particular. Então, quando um estranho nos é apresentado, os primeiros aspectos nos permitem prever a sua categoria e os seus atributos, a sua "identidade social" [...].
>
> Baseando-nos nessas preconcepções, nós a transformamos em expectativas normativas, em exigências apresentadas de modo rigoroso. [...]
>
> Assim, as exigências que fazemos poderiam ser mais adequadamente denominadas de demandas feitas "efetivamente", e o caráter que imputamos ao indivíduo poderia ser encarado mais como uma imputação feita por um retrospecto potencial – uma caracterização "efetiva", uma *identidade social virtual*. A categoria e os atributos que ele, na realidade, prova possuir, serão chamados de sua *identidade social real*.[10]

O estigma[11] é uma discrepância entre a identidade social virtual e a real e significa um atributo negativo, depreciativo,

---

10. Erving Goffman, *Estigma*: notas sobre a manipulação da identidade deteriorada, pp. 11-2.
11. A palavra "estigma" é de origem grega e era utilizada para se referir a sinais corporais, feitos com cortes ou fogo, que demonstravam algo extraordinário ou ruim a res-

que leva os demais membros da sociedade a crer que uma pessoa que tem um estigma é um ser humano inferior.

> Enquanto o estranho está à nossa frente, podem surgir evidências de que ele tem um atributo que o torna diferente dos outros que se encontram numa categoria em que pudesse ser incluído, sendo, até, de uma espécie menos desejável – num caso extremo uma pessoa completamente má, perigosa ou fraca. Assim deixamos de considerá-lo uma criatura comum e total, reduzindo-o a uma pessoa estragada e diminuída. Tal característica é uma estigma, especialmente quando o seu efeito de descrédito é muito grande – algumas vezes ele também é considerado um defeito, uma fraqueza, uma desvantagem – e constitui uma discrepância entre a identidade social e a identidade real.[12]

O ser humano que possui um estigma é desacreditado pela sociedade e termina por sê-lo também por ele próprio. Daqueles indivíduos ditos "normais" não se nutrem expectativas negativas a respeito de situações comuns da vida, enquanto para os estigmatizados são reduzidas as oportunidades cotidianas da vida. O sistema penal produz indivíduos estigmatizados, tais como os ex-prisioneiros, por exemplo, que têm reduzidas suas chances de trabalho e de aceitação social em função da expectativa negativa que a sociedade deposita neles.

Todos esses conceitos teóricos estão na base da criminologia do *labeling approach*.

O SURGIMENTO DO *LABELING APPROACH* NA CRIMINOLOGIA

Foi *The Outsiders* (1963), do sociólogo norte-americano Howard Saul Becker[13], a principal obra em que foi desenvolvida a

---

peito do *status* moral de quem os apresentava (um escravo, um criminoso ou um traidor). Ibid., p. 11
12. Erving Goffman, op. cit., p. 12.
13. Além de Becker, K. Erikson (*Notes of Sociology of Deviance*, 1964) e Edwin Schur (*Labeling Deviant Behavior*, 1971) também difundiram a teoria do *labeling approach*.

teoria do interacionismo simbólico dentro da criminologia: o *labeling approach*.

Becker não entendia o *labeling approach*[14] como uma nova teoria, mas como uma nova perspectiva, um novo olhar, ainda em construção, para alguns aspectos do fenômeno criminal. O interacionismo foi desenvolvido em dois aspectos na perspectiva do *labeling approach:* 1) o estudo do crime como produto da definição dos órgãos estatais de reação social; 2) o estudo do desvio secundário, como consequência da imposição do rótulo de criminoso a um indivíduo.

Quanto ao primeiro aspecto, o *labeling approach* considera que o crime é um fenômeno criado pela sociedade, por meio de duas etapas: a elaboração de normas que descrevem infrações e a aplicação dessas normas a determinadas pessoas, que são rotuladas como infratoras. É apenas com a definição de um ato como criminoso em caráter definitivo pelos órgãos oficiais de persecução penal que o fato se torna socialmente um crime e gera todas as consequências jurídicas e sociais decorrentes de seu caráter delituoso. Portanto, o crime não é uma qualidade inerente ao ato que a pessoa pratica, mas a consequência da aplicação de regras e sanções a um infrator por terceiros (a quem é dado o poder de interpretar os fatos).

> Sendo o desvio, entre outras coisas, consequência da resposta dos outros a um ato de uma pessoa, os estudiosos do desvio não podem assumir que estão lidando com uma categoria homogênea quando estudam pessoas que foram consideradas criminosas. Isto é, não se pode assumir que essas pessoas tenham de fato cometido uma violação da lei, porque o processo de atribuição de culpa é falível.[15]

O processo de criação e aplicação de uma lei nada tem de científico, ao contrário, sofre influências externas de diversas naturezas e possui uma série de imperfeições.

---

14. Becker não só discordava da abordagem de seu *approach* como "teoria", mas também não gostava da denominação *labeling approach* atribuída a ela. Cf. Howard Becker, *The Outsiders*: Studies in the Sociology of Deviance, p. 178.
15. Howard Becker, op. cit., p. 9.

O que têm então os criminosos em comum para uma abordagem do ponto de vista de uma teoria geral? Apenas, e tão somente, a experiência de terem sido qualificados por órgãos oficiais, após um processo, como criminosos. Então, para o criminólogo do interacionismo, mais importante do que estudar as características pessoais e sociais do condenado é estudar o processo pelo qual ele foi reconhecido como um criminoso, os agentes que realizam em caráter oficial essa definição e, consequentemente, a reação do indivíduo rotulado de criminoso e da sociedade ao julgamento.

A existência ou não de um crime depende de como a sociedade reage a um fato[16]. O desvio não é uma qualidade que existe no próprio comportamento, mas produto da interação entre a pessoa que comete um ato e aquelas que o observam e o interpretam. É a consequência da reação social, e não das qualidades hereditárias de seu autor.

A partir do momento em que se consideram objeto da criminologia os órgãos e o processo que definem atos e pessoas como criminosos, não é possível fazer um estudo neutro. É inevitável identificar os valores que influenciam os sujeitos (criminosos e autoridades), as regras de interpretação dos fatos e todas as circunstâncias que envolvem a própria existência do crime como uma realidade social, segundo o interacionismo simbólico.

> É interessante que a maior parte da pesquisa científica e especulação sobre o crime se concentre mais no indivíduo que viola a lei do que naqueles que a criam e aplicam. Se nós quisermos alcançar um conhecimento mais amplo do comportamento criminoso nós devemos avaliar essas duas possibilidades de foco de pesquisa. Nós devemos ver o crime, e os *outsiders*, como personificação de conceitos abstratos, como consequência de um processo de interação entre pessoas, algumas das quais, a serviço de

---

16. Assim como a pessoa que não praticou o ato, mas é erroneamente condenada, será percebida pela sociedade como criminosa (*falsely accused*); aquela que praticou o ato de forma oculta (*secret deviance*) não será percebida pela sociedade como criminosa. Ibid., p. 20.

seus próprios interesses, fazem leis e aplicam regras que recaem sobre outros que, em virtude de seus próprios interesses, cometeram atos que são rotulados como desviantes.[17]

O segundo aspecto desenvolvido pela teoria do *labeling approach* é a consequência da rotulação levada a efeito pelos órgãos de reação social na produção da delinquência secundária.

O indivíduo que é reconhecido pelos órgãos oficiais como criminoso passa a ser tratado pelos demais membros da sociedade de forma diferente, sofre um estigma.

> Por definição, é claro, acreditamos que alguém com um estigma não seja completamente humano. Com base nisso, fazemos vários tipos de discriminações, através das quais efetivamente, e, muitas vezes sem pensar, reduzimos suas chances de vida.[18]

Sobre o indivíduo rotulado como criminoso, por portar um estigma, recai uma série de qualidades e expectativas negativas, que terminam por gerar sua segregação social. Tal indivíduo, em consequência desse rótulo, tem reduzidas suas oportunidades de integração social.

> Em qualquer caso, ser apanhado e etiquetado como um criminoso gera importantes consequências no papel social do indivíduo e sua autoimagem. A consequência mais importante é a mudança drástica na identidade pública do indivíduo. Cometer um desvio e ser apreendido publicamente gera para ele um novo *status*. Ele se revela um tipo de pessoa diferente do que ele deveria ser. Ele é rotulado como um anormal, um insano, um lunático, e tratado de acordo com este rótulo.[19]

Devido à exclusão social, o indivíduo rotulado como criminoso se encontra em condições propícias a se associar a cri-

---

17. Howard Becker, op. cit., p. 163.
18. Erving Goffman, op. cit., p. 15.
19. Howard Becker, op. cit., p. 30.

minosos (na mesma situação) e, portanto, a se enxergar e se comportar como eles. Afinal, para o interacionismo simbólico, o indivíduo é, em parte, o que os outros pensam que ele é. Assim, o comportamento é, em maior medida, consequência da reação pública ao rótulo, mais do que uma manifestação de características hereditárias. É o estigma, portanto, que propicia condições favoráveis ao denominado desvio secundário (*secondary deviance*).

A FORMAÇÃO E A APLICAÇÃO DAS LEIS PARA BECKER

Becker, após formular as bases do *labeling approach*, descreve a forma pela qual se dá a elaboração e a aplicação das leis penais. Examina essas duas fases em separado, pois a simples existência jurídica de uma norma não garante automaticamente que ela seja aplicada de fato.

Quanto à elaboração das leis penais, Becker as considera como o resultado de um empreendimento (*enteprise*) iniciado por agentes encarregados de difundir certos valores, os empreendedores morais (*moral entrepreneurs*).

> O desvio – no sentido em que eu tenho empregado, de um rótulo público de conduta errada – é sempre o resultado de um empreendimento. Antes de qualquer ato ser visto como desviante, e antes de qualquer classe de pessoas ser rotulada e tratada como *outsider* por ter cometido um ato, alguém deve ter feito a regra que define o ato como desviante. Regras não são feitas automaticamente. Mesmo que uma prática seja prejudicial objetivamente ao grupo no qual ela ocorre, o mal precisa ser descoberto e apontado.[20]

Os males sociais são em geral identificados por indivíduos (ou grupos de pressão) que apontam de forma organizada os comportamentos danosos à sociedade. O modelo do criador

---

20. Ibid., p. 162.

de normas são indivíduos (ou grupos) interessados em exprimir seus valores morais em normas e, assim, modificar o comportamento social. Becker chama-os de cruzados morais (*moral crusaders*). Tais indivíduos (ou grupos) abraçam com devoção a sua causa, com intenção de beneficiar a sociedade como um todo.

Entretanto, tais indivíduos (ou grupos) com frequência se unem a outros indivíduos (ou grupos) de nível social mais elevado para aumentar seu poder político no alcance de seu empreendimento, mesmo que tais adesões se deem por razões menos nobres. Associam-se também a advogados, órgãos governamentais e técnicos das mais variadas espécies para formular a norma de maneira tecnicamente mais adequada[21]. Becker também os denomina de empreendedores legislativos (*ruler entrepreneurs*).

O empreendimento pode ser bem-sucedido ou não, o que gera consequências diversas, descritas por Becker:

> Apenas alguns *crusaders*, ao fim, são bem-sucedidos em sua missão e criam, por meio de uma nova norma, um novo grupo de desviantes (*outsiders*). Entre os bem-sucedidos, alguns tomam gosto pelas cruzadas e buscam novos problemas para atacar. Outros *crusaders* falham no seu intento e ainda mantêm a organização que criaram, abandonando a missão original e se concentrando na própria manutenção da organização ou tornam-se os próprios *outsiders*, continuando a expor e pregar a doutrina que soa estranha com o passar dos tempos.[22]

O segundo momento do processo de definição do crime é a aplicação da lei. A existência de uma nova lei exige a criação de órgãos de reação ou mesmo a reorganização dos já existentes para a persecução dos novos comportamentos previstos como desviantes.

---

21. Becker examina os processos concretos de criminalização do uso de maconha em todo o país e dos crimes sexuais em Indiana (op. cit., pp. 140-55).
22. Ibid., p. 155.

Estabelecido o órgão que vai iniciar a persecução (geralmente a polícia), a cruzada está institucionalizada. A força policial é a etapa final da cruzada moral.

Para Becker, entretanto, a atuação da polícia é influenciada por diferentes interesses, diversos do conteúdo das normas, ligados a dois fatores: a justificação de sua própria existência e a imposição de sua autoridade. Assim, primeiramente, a polícia tem que demonstrar que o problema existe, ou seja, que ocorrem determinados tipos de infração e, por outro lado, tem que mostrar que sua atuação é efetiva e necessária. Cria os próprios crimes e suas soluções.

> Os detentores oficiais da força (polícia) podem ser mais veementes que qualquer outro na insistência de que o problema com o qual eles têm que lidar ainda está entre nós, na realidade está mais presente do que antes. Fazendo este apelo, a polícia fornece boas razões para continuar existindo e ocupando a posição que ocupa.[23]

A polícia (e demais órgãos de seleção de condutas), ao se conduzir por suas regras particulares, com frequência desenvolve seus próprios critérios particulares de avaliação da importância das várias espécies de desvios.

Portanto, a possibilidade de uma pessoa que comete um comportamento desviante ser de fato rotulada como criminosa depende de vários fatores estranhos à gravidade social de seu comportamento, ligados principalmente aos critérios considerados pela polícia naquele momento oportunos na criação de crimes e sua solução, justificando sua existência e o uso da força para combatê-los. Elege a polícia, assim, suas prioridades. É nesse momento que ressurge a figura do empreendedor legislativo (*ruler entrepreneur*) denunciando as falhas no cumprimento da lei pela polícia.

---

23. Ibid., p. 157.

Uma vez que uma regra toma existência, ela deve ser aplicada a determinadas pessoas antes que a abstrata classe de *outsiders* criada pela lei seja popularizada. Os ofensores devem ser descobertos, identificados, apreendidos e condenados (ou vistos como "diferentes" e estigmatizados pela sua desconformidade...). Essa função ordinariamente recai sobre profissionais que detêm a força que, aplicando as normas existentes, criam os criminosos da sociedade vistos como *outsiders*.[24]

Esse modo relativista da atuação das instâncias de controle, em que se presencia um conflito de valores culturais, confere necessariamente uma dimensão política ao processo de seleção e definição das condutas criminosas e, portanto, à criminologia da reação social.

AS CONSEQUÊNCIAS DA ROTULAÇÃO DO CRIMINOSO

O segundo aspecto do crime desenvolvido pelo *labeling approach* refere-se às consequências individuais e sociais da caracterização de um indivíduo como criminoso pelos órgãos de reação social. Trata-se do estudo do chamado desvio secundário.

O termo "desvio secundário" foi utilizado pela primeira vez por Edwin Lemert, em 1951, em sua obra *Social Pathology*. A diferença entre a delinquência primária e a secundária, para o *labeling approach*, está na sua causa: a primeira pode ter causas diversas e não é estudada pela sociologia interacionista, enquanto a segunda é reconhecida por ela, com frequência, como um efeito da rotulação de um indivíduo como criminoso pelas instâncias de reação social. Não representa simplesmente o segundo delito, como na reincidência, mas um delito causado pela própria reação social. Pode-se assim afirmar que, embora tenha trazido para a criminologia a perspectiva da reação social, o *labeling approach* também realizou pesquisas de fundo etiológico, ou seja, sobre as causas da criminalidade (secundária), pois

---

24. Ibid., p. 162.

esta é produto, em sua maior parte, do primeiro aspecto do *labeling* (a rotulação).

A sequência da interação que leva ao desvio secundário é, de forma geral, a seguinte: (1) desvio primário; (2) punição social; (3) desvio primário adicional; (4) punição e rejeição mais fortes; (5) outro desvio primário, talvez com hostilidades e início de indignação, começando a se voltar contra aqueles que o puniram; (6) crise no quociente de tolerância, expressa na ação formal da comunidade de estigma ao criminoso; (7) penas; (8) aceitação do *status* de criminoso e esforço para se ajustar ao papel associado a ele.[25]

A qualificação do indivíduo como criminoso pelos órgãos oficiais de persecução, após todo o processo penal, transforma a imagem que a sociedade tem dele. O criminoso é estigmatizado no meio social, é identificado pela sociedade de uma forma nova, diferente. Toda a sua vida é reinterpretada no processo de criminalização, principalmente pelo Poder Judiciário e pelo sistema penitenciário[26] e depois pela própria sociedade, quando tem acesso à sua biografia, em geral pelos órgãos de imprensa. Esse fenômeno social, chamado *retrospective interpretation*[27], demonstra a intenção da sociedade em procurar indícios de que o indivíduo sempre foi um desviante para assim justificar sua reação. Após esse processo de deterioração da personalidade, ele passa a ser visto pela sociedade como alguém diferente, perigoso, com tendências ao desvio. Em função dessa identidade social que adquire, o indivíduo tem suas oportunidades profissionais reduzidas, seus contatos pessoais prejudicados, enfim, ele se torna um ser anormal dentro da sociedade.

---

25. Edwin Lemert, *Social Pathology*: a Sistematic Approach to the Theory of Sociopathic Behavior, p. 77.
26. Nesse processo, destaca-se o que o *labeling approach* chama de cerimônias degradantes (*status-degradation ceremony*), rituais em que o indivíduo aos poucos perde sua identidade e recebe outra degradada. As principais cerimônias dessa espécie são os julgamentos do tribunal do júri (públicos).
27. Edwin Schur, *Labeling Deviant Behavior*: its Sociological Implications, p. 52.

De maneira geral, o ponto central é que o tratamento do criminoso veda a ele os meios ordinários de levar as atividades de rotina da vida diária abertos à maior parte das pessoas. Por essa razão, o criminoso tem necessidade de desenvolver rotinas ilegítimas. A influência da reação pública pode ser direta, como nas instâncias consideradas acima (negação de empregos, baixos salários a usuários de drogas e homossexuais), ou indireta, como uma consequência das características da sociedade na qual o criminoso vive.[28]

Mas, além desse efeito diante da sociedade, o rótulo de criminoso gera alterações na própria concepção do indivíduo sobre si mesmo. O sujeito definido como criminoso assume o papel construído em torno dele (*role-engulfment*). Para a sociologia do interacionismo simbólico, o homem está em constante interação com os demais e o significado das coisas, inclusive de si mesmo, é produto da forma como os outros as veem. Desse modo, o homem definido como criminoso pelos demais passa a se autodefinir como criminoso e a se comportar como criminoso, cumprindo as expectativas que a sociedade deposita sobre ele.

Esse fenômeno psíquico foi chamado por Robert Merton de "profecia-que-a-si-mesmo-se-cumpre" (*self-fulfilling prophecy*) e é sintetizado por uma frase do sociólogo W. I. Thomas, mais conhecida como teorema de Thomas: "Se os homens definem situações como reais, elas são reais em suas consequências."[29]

> A *self-fulfilling prophecy* é, no início, uma falsa definição da situação que evoca um novo comportamento que torna a concepção originalmente falsa verdadeira. A validade especial do *self-fulfilling prophecy* perpetua a duração do erro. Para o profeta citar o curso atual dos eventos prova que ele está certo desde o início. [...] Essa é a perversidade da lógica social.[30]

---

28. Howard Becker, op. cit., p. 35.
29. Apud Robert Merton, op. cit., p. 421.
30. Ibid., p. 423.

Dessa forma, portanto, nasce, para o *labeling approach*, a maioria das carreiras criminosas.

CRÍTICAS

As críticas ao *labeling approach* se dividem principalmente em três linhas: 1) a não adoção de um conceito material de crime; 2) sua falta de sistematização teórica; 3) sua política conservadora (incluindo-se no que Baratta denomina criminologia liberal)[31].

A sociologia interacionista aplicada ao delito levou o *labeling approach* a defender que o crime não tem conteúdo material comum, é só reação.

O *labeling approach* mostra o crime como processo de criminalização, e não como realidade preexistente, independente. Busca um rompimento com as concepções etiológicas, de uma forma geral. Mas, como seus próprios seguidores se penitenciaram posteriormente, a visão causal não pode ser totalmente abandonada[32]. Como bem afirmam Hassemer e Muñoz Conde:

> Se a delinquência fosse tão só o resultado de uma definição, a cifra negra não podia sequer ser concebida: a condição de delinquente é algo pois que se atribui externamente ao sujeito e se não se produz essa atribuição não existe o delinquente, *tertiur non datur*. Na realidade, a crítica construída sobre a ideia da cifra negra pressupõe conhecimentos sobre a criminalidade e sobre os delinquentes que a teoria do etiquetamento não pode ter: que na cifra negra se encontram as condutas não criminalizadas que "em sua pureza" deveriam ser criminalizadas. E cabe então perguntar-se: como se pode saber que uma conduta deve estar criminalizada senão por normas ou outros indicadores distintos das definições fáticas das instâncias de controle.[33]

---

31. Alessandro Baratta, *Criminologia crítica e crítica do direito penal:* introdução à sociologia do direito penal, p. 147.
32. Howard Becker, op. cit., p. 179, e Edwin Schur, op. cit., pp. 15-6.
33. Winfried Hassemer e Francisco Muñoz Conde, op. cit., p. 164.

Esse aspecto ressalta a principal contradição que estaria no seio de uma teoria pura do etiquetamento: a negação da realidade preexistente à definição. Trabalhar sem nenhum conteúdo fático preexistente das condutas criminosas levaria a teoria a uma abstração pouco prática para solucionar os problemas concretos enfrentados pela sociedade.

Logicamente, deve-se reconhecer que existe uma realidade que é definida como criminosa. Existe um indivíduo e uma ação. Há uma realidade social contraditória e desigual que fundamenta essa seleção também contraditória e desigual feita pelos órgãos da reação social. Essa realidade, entretanto, não foi analisada de forma específica pelo *labeling approach*, embora tenha sido tratada pelas escolas criminológicas que o sucederam e adotaram o paradigma da reação social[34].

A concepção totalmente relativista do crime (como uma realidade puramente construída), defendida pela corrente radical do *labeling approach*, em um momento posterior foi dando lugar à corrente moderada que, após receber essas críticas, admitiu aspectos materiais das condutas incriminadas, sem, no entanto, desenvolver uma justificação teórica que integrasse esses dois conceitos[35]. Formaram-se então duas tendências dentro do *labeling approach*, assim descritas por García-Pablos de Molina:

> No seio do *labeling approach* coexistem, sem embargo, duas tendências: uma radical e outra moderada. A primeira exacerba a função construtiva ou criadora da criminalidade que os teóricos desse enfoque atribuem ao controle social. De sorte que o crime não é nada mais do que uma etiqueta que a polícia, os promotores e os juízes (instâncias de controle social formal) colocam no desviante, com independência de sua conduta ou merecimentos objetivos. [...] Para a tendência moderada só cabe afirmar que a justiça penal se integra na mecânica do controle social geral da conduta desviada. Isso significa, por um lado, que o processo de

---

34. Os chamados comportamentos socialmente danosos para a criminologia crítica.
35. Assim o fez o próprio Becker em seu *Labeling Theory Reconsidered*, capítulo acrescentado em 1971, em sua obra *The Outsiders* (1963).

estigmatização inerente ao sistema penal (e cuja parcialidade não se justifica) é inseparável do processo geral de controle social, e por outro lado, que processos de etiquetamento semelhantes têm lugar também no seio do controle social informal (criança considerada "ovelha negra" pela família, ou o "aluno difícil" pelo professor etc.), como põe em relevo o interacionismo simbólico.[36]

Quanto à falta de uma racionalização teórica, o *labeling approach* não possui uma explicação completa para o fenômeno criminal nem responde a todas as perguntas da criminologia. De fato, ele é mais aceito como uma perspectiva (*approach*), uma abertura científica, do que como uma teoria certa e acabada. Trouxe pela primeira vez uma visão política do processo de criminalização para a ciência criminal. Contestou os mecanismos de reação social e demonstrou como eles próprios produziam o crime, na forma do desvio secundário.

A crítica referente ao caráter conservador das propostas do *labeling approach* é formulada principalmente com relação às expectativas geradas sobre o discurso resultante de uma abordagem que descrevia a criminalidade sob um enfoque político.

Nenhuma resposta, além da formal construção abstrata dos *moral crusaders* e *moral entrepreneurs* de Becker, foi dada à pergunta: quem define as condutas a serem criminalizadas e os indivíduos a serem rotulados de criminosos?

O *labeling approach* não expõe as falhas da estrutura do poder e os interesses que estão por trás desse processo de seleção. Ou seja, apesar de mudar a perspectiva de enfoque do fenômeno criminal, incorre nas mesmas limitações das teorias consensuais etiológicas: aceita o sistema político e econômico como um dado sobre o qual não se tecem maiores críticas, busca apenas reformas que não comprometam sua configuração atual. Sobre este aspecto, assinalou Baratta:

> Por outro lado, a teoria do *labeling* chega, não raramente, a um resultado análogo ao de uma universalização da criminalida-

---

36. Antonio García-Pablos de Molina, *Tratado de criminología*, p. 782.

de, à qual, como vimos, chegam as teoria estrutural-funcionalistas. Estas o fazem mediante um álibi teórico e prático em face das condições estruturais da criminalização que descrevem ou às quais remetem. Na teoria do *labeling* o álibi se manifesta diante das relações de hegemonia, as quais, como se viu, estão na base da desigual distribuição do *bem negativo da criminalidade*. A insuficiência é oposta, mas idêntica no seu efeito, àquela verificada na remessa à estrutura econômica, por parte da teoria das subculturas e da teoria mertoniana da anomia. Nestas, como se notou, o privilegiamento das relações econômicas ocorre às expensas da consideração das relações políticas complementares daquelas. Na teoria do *labeling*, o privilegiamento das relações de hegemonia desloca a análise para um terreno abstrato, em que o momento político é definido de modo independente da estrutura econômica das relações de produção e distribuição.

[...] o álibi teórico e prático diante das relações de hegemonia equivale, na falta de qualquer indicação das condições objetivas e de estratégias práticas para a transformação de tal estrutura, a uma racionalização hipostasiante dela, e do correspondente sistema de mediação política institucional.[37]

Assim, a reflexão acerca dos interesses que orientam os mecanismos de seleção, em especial em seu aspecto econômico e cultural, não foi objeto específico do *labeling approach*. Ao contrário, ele atua de forma predominantemente descritiva, inclusive no que tange à formação e aplicação da lei, deixando de lado qualquer pretensão crítica.

A POLÍTICA CRIMINAL

A política criminal formulada pelo *labeling approach* volta-se para o sistema de repressão, pois é ele que identifica e rotula o delito. Também propõe a redução do direito penal, que gera estigma e propicia a delinquência secundária. Busca soluções dentro do sistema social, sem alterá-lo estruturalmente, e por

---

37. Alessandro Baratta, op. cit., pp. 115-6.

isso é considerada conservadora. Suas principais propostas são: 1) a descriminalização; 2) a não intervenção radical; 3) a instituição de programas de recuperação e integração; 4) o aperfeiçoamento do *due process of law*[38].

O processo de definição do crime e de seu autor, além de ser seletivamente desigual, é estigmatizante. O indivíduo que sofre o estigma de criminoso muda de identidade e passa a se ver como um delinquente, tornando-se mais suscetível de reincidir e se iniciar na carreira criminosa, realizando as expectativas que a sociedade deposita sobre ele (*self-fulfilling prophecy*).

Todos esses aspectos negativos demonstram que a criminalização de condutas não gera proveito para a sociedade (nem para o criminoso, pois o sistema não recupera indivíduos condenados), e por isso o Estado deve, sempre que possível, lançar mão de outros meios para controlar condutas socialmente indesejadas. *O labeling approach* defende a adoção de medidas alternativas de controle, mais eficazes na integração social de indivíduos desviantes e menos estigmatizantes do que as oferecidas pelo sistema penal.

Figueiredo Dias e Costa Andrade apontam algumas propostas do *labeling approach*, tais como o direito das contraordenações (direito de mera ordenação social), as sanções jurídico-civis, o tratamento terapêutico, a solução conciliatória[39].

A não intervenção radical decorre da necessidade de repensar o direito penal, tornando-o mínimo. Baseia-se em uma maior tolerância à diferença pela sociedade. A intervenção penal deve ser evitada ou retardada ao máximo.

Os programas de integração social e recuperação seriam elaborados para a reabilitação de jovens e adultos, separadamente da justiça penal. Buscam, assim, evitar o estigma causado pelo sistema penal.

O *labeling approach*, ao atribuir à condenação a grande causa do desvio secundário, afastou desde logo a ideologia da res-

---

38. Jorge de Figueiredo Dias e Manoel da Costa Andrade, *Criminologia*: o homem delinquente e a sociedade criminógena, p. 360.
39. Ibid., p. 421.

socialização pela pena. Pelo contrário, considera que a pena cria mais comportamentos criminosos (desvio secundário). O encarceramento exige uma adaptação do condenado às condições de violência da vida na prisão, o que impede a sua ressocialização. Além do mais, quando o indivíduo retorna ao convívio social, tem suas oportunidades excluídas em razão do estigma, o que gera uma tendência de retorno à delinquência (*self-fulfilling prophecy*).

Essa teoria sugere outros tipos de programas, fora do direito penal, para buscar ressocializar pessoas, tais como tratamentos médicos, desintoxicação, serviços educativos, apoio familiar e psicológico, além da possibilidade de o infrator restituir o bem da vítima, indenizá-la ou, ainda, prestar serviços úteis à comunidade. Quando, entretanto, é inevitável a aplicação do direito penal e seu processo de criminalização, este deve privilegiar valores da liberdade, com oportunidades para o exercício de uma defesa eficaz. Deve-se estender ao máximo as garantias do devido processo legal (*due process of law*).

O *labeling* entende necessário desenvolver mecanismos que diminuam a discricionariedade das instâncias de controle na definição do delito e gerem maior segurança e justiça aos acusados. Sua política criminal, entretanto, não apresenta soluções para o problema da cifra negra, tão criticado por seus autores, nem identifica os critérios desiguais de seleção da população criminosa, que deixam os autores de *white collar crimes* à margem do sistema penal.

Os crimes do colarinho branco: ausência de seleção

Os crimes do colarinho branco, como denunciou Sutherland em sua pesquisa, analisada no capítulo 2, raramente são objeto de resposta penal. Sua incidência nas estatísticas é escassa, quase inexistente.

Desse modo, torna-se difícil trabalhar com os conceitos desenvolvidos pelo *labeling* de estigmatização e delinquência secundária quando se estudam esses crimes. É preciso voltar-se para uma etapa anterior ao funcionamento do sistema penal, ou mesmo questionar sua inércia nesses casos. Porém, isso implicaria um posicionamento crítico, o que nessa fase do desenvolvimento do *labeling* ainda não era feito[40].

Partindo-se da corrente pura do *labeling approach*, que nega qualquer substrato ontológico ou material, o crime apenas existe quando, ao final de um processo de controle social, uma conduta é definida pelo juiz como crime. Antes disso, não se poderia cogitar na existência do crime. Nesse contexto, chegar-se-ia à incômoda resposta de que os crimes do colarinho branco simplesmente não existem, ou são raros, pois não são definidos pelos órgãos de persecução penal como crime.

É justamente por essa limitação óbvia que o conceito puramente relativo de crime não foi adotado nem mesmo pelos defensores do *labeling approach*, que acabaram adotando uma linha moderada, que não negava a existência real do fato descrito como desviante (como foi visto anteriormente). Por tal razão, a principal colaboração do *labeling approach* para a compreensão da criminalidade do colarinho branco reside precisamente na descoberta e no estudo da cifra negra[41].

A análise da perspectiva da reação social permitiu compreender as várias etapas de seleção e definição do sistema penal e como atua o filtro das condutas em cada uma delas.

A cifra negra compreende grande número de condutas que, embora previstas em leis como crime, não ingressam ou não chegam até o fim das etapas de definição do sistema penal. Seus autores, portanto, não chegam a sofrer o estigma da rotulação de criminoso operada pelas instâncias penais.

É certo que, como antecipou Sutherland em sua busca empírica, os crimes do colarinho branco são bastante frequentes no cotidiano da atividade empresarial e, portanto, são os crimes contidos na cifra negra por excelência.

---

40. Como se verá nos capítulos seguintes, o paradigma da reação social descrito pelo *labeling approach* será incorporado nas teorias conflitual e crítica, porém sob um enfoque dinâmico, permitindo realmente questionar os valores e os interesses que norteiam a atuação das instâncias de controle.
41. No caso dos crimes do colarinho branco, denominou-se de cifra dourada. Cf. Lola Aniyar de Castro, *Criminologia da reação social*, p. 72.

A cifra negra funciona basicamente em cinco etapas: 1) crimes ocorridos e não revelados; 2) crimes revelados e não registrados; 3) crimes registrados e não esclarecidos; 4) crimes esclarecidos e não denunciados; 5) crimes denunciados e que não geram condenações[42].

Os crimes ocorridos mas não revelados são fatos descritos na lei penal não percebidos pelas instâncias de controle. Tal fenômeno é comum sobretudo em condutas que não se dirigem de maneira direta a uma vítima concreta, mas afetam interesses coletivos ou institucionais (característica de grande parte dos *white collar crimes*). São chamados delitos sem vítima. Também os crimes de definição complexa não costumam ingressar no sistema. A persecução de tais crimes (dos quais o *white collar* é a principal referência), assim, depende de empenho político dos órgãos de apuração do sistema.

Nem todo delito que tenha sido percebido por alguém (ultrapassado o primeiro filtro) chega ao conhecimento das autoridades. Depende do comportamento da vítima ou do terceiro que observou os fatos. Diversos fatores influenciam a ausência de comunicação de delitos, mas certamente entre eles estão a espécie de delito e suas circunstâncias, o temor diante do poder do acusado (comum em casos de *white collar crimes*) e a falta de confiança na eficácia da persecução penal (mais uma vez, uma variável de natureza política).

Quanto aos crimes registrados mas não esclarecidos, deve-se levar em conta que a própria eficácia do trabalho policial é maior quanto menos casos tiver que apurar. Portanto, é evidente que a polícia, por si só, não tem interesse em investigar todos os crimes ocorridos na sociedade. Não pode dar conta de solucionar todos eles. Nessa etapa, opera uma importante e necessária seleção de fatos (e pessoas), influenciada por alguns fatores que serão analisados posteriormente[43]. Afirmam Hassemer e Muñoz Conde:

---

42. Winfried Hassemer e Francisco Muñoz Conde, op. cit., p. 142.
43. Esses fatores deveriam, logicamente, se relacionar com a importância do bem jurídico. Mas não é esse o critério preponderante na seleção, como se estudará nos próximos capítulos.

O que em maior medida condiciona o grau de esclarecimento policial dos delitos é precisamente o grau em que os delitos são percebidos e conhecidos. Isso pode parecer um paradoxo, mas não é. A porcentagem de delitos esclarecidos pela polícia é mais elevada quanto menor o número de delitos que chegam ao seu conhecimento. A explicação é fácil: os delitos que ocorrem de fato mas não chegam ao conhecimento da polícia não são incluídos, logicamente, em suas estatísticas.[44]

Após o esclarecimento do crime pela autoridade policial, passa a atuar o Ministério Público, como órgão da acusação. Ele pode formular denúncia, arquivar, sobrestar ou mesmo extinguir o caso, propondo medidas de política criminal de caráter substitutivo do processo. Essas medidas de justiça consensual (tais como transação, suspensão condicional do processo ou reparação do dano) têm sido muito utilizadas e impedem os fatos de que tratam de ingressar nas estatísticas, já que obstam a realização do processo e a produção de sentenças condenatórias.

Por fim, alguns crimes denunciados não geram condenação (embora tenham de fato ocorrido). Nesta etapa final se incluem tanto os óbices processuais que impedem a sentença (prescrição, suspensão, transação) quanto a absolvição propriamente dita, por deficiência na instrução ou outros fatores.

O processo judicial é lento e apresenta várias etapas que, de diferentes maneiras, podem adiar ou impedir o juízo condenatório. Além disso, há previsão de recursos a tribunais que postergam a condenação por vários anos, o que faz o delito ser esquecido e o interesse social em sua punição, amenizado.

Delitos do colarinho branco, por envolverem autores que podem contar com bons advogados, raramente chegam a essa fase, mas, quando chegam, em razão do tempo do processo, pouco estigma geram.

Esses são, portanto, os principais filtros da criminalidade, descritos pelo *labeling approach*. Ocorre que, apesar de denun-

---

44. Ibid., p. 144.

ciar a sua existência, ele não apresenta uma solução para o problema da cifra negra nem explica as razões que determinam a seleção de algumas condutas e pessoas e não de outras pelo sistema penal. Como já se afirmou, o *labeling approach* tem caráter predominantemente descritivo e pouco crítico ou construtivo. Ou seja, nesse aspecto, a existência/impunidade dos *white collar crimes* continuou desprovida de resposta pela criminologia[45]. Entretanto, foi apresentado pela primeira vez o lado oposto do fenômeno criminal: a face da atuação do sistema de controle social.

---

45. Fritz Sack, autor que desenvolveu o *labeling approach* na Alemanha, analisou as metarregras (*basic rules*), ou seja, os mecanismos psíquicos presentes no senso comum social que existem na psique dos operadores do sistema penal e decisivos no processo de seleção. Entretanto, por sua vinculação ao pensamento crítico, sua versão do *labeling approach* será analisada no capítulo 6.

CAPÍTULO 5. A CRIMINOLOGIA DO CONFLITO

"A ideia de uma sociedade perfeitamente igualitária
não é apenas irrealista; é terrível."
(R. Dahrendorf)

Contexto histórico-científico

Depois dos estudos feitos pelo *labeling approach*, a criminologia sofreu mudanças estruturais. A perspectiva da reação social foi definitivamente reconhecida pelos cientistas, e, em consequência, o processo de criminalização passou a ser considerado nos estudos criminológicos.

Adotou-se um novo paradigma de análise do fenômeno criminal. Thomas Kuhn define um paradigma como "realizações científicas universalmente reconhecidas que, durante algum tempo, fornecem problemas e soluções modelares para uma comunidade de praticantes de uma ciência"[1].

São os paradigmas que definem quais os problemas a ciência deve resolver e qual a metodologia a ser utilizada para solucioná-los, além de delimitarem o campo a ser estudado. O primeiro paradigma adotado pela criminologia foi o etiológico, de origem positivista, que estabeleceu como seu problema central as causas do crime (considerado como um fato ontológico), ou seja, buscava responder à pergunta: por que o homem pratica crimes? Para responder a essa pergunta, Lombroso (com seu trabalho de campo nos manicômios) e Durkheim (com um amplo levantamento do número de suicídios na Europa) utilizaram como principal metodologia os dados estatísticos.

Com a revelação da cifra negra, entretanto, na década de 1960 os dados estatísticos perderam credibilidade como princi-

---
1. Thomas S. Kuhn, *A estrutura das revoluções científicas*, p. 13.

pal método do estudo da criminologia. Foram afastadas do centro do estudo criminológico as bases do paradigma etiológico: as causas do crime e o método estatístico.

O *labeling approach* elegeu, então, o processo de criminalização como principal variante e determinante do fenômeno criminal, elaborado tanto em nível primário (legislativo) quanto secundário (instâncias de controle social). A partir de então, a pergunta central da criminologia passou a ser: por que certas condutas são selecionadas do meio social pelos órgãos de reação social e definidas como crimes?

Segundo Kuhn:

> Guiados por um novo paradigma, os cientistas adotam novos instrumentos e orientam seu olhar em novas direções. E o que é ainda mais importante: durante as revoluções, os cientistas veem coisas novas e diferentes quando, empregando instrumentos familiares, olham para os mesmos pontos já examinados anteriormente. [...] As mudanças de paradigma realmente levam os cientistas a ver o mundo definido por seus compromissos de pesquisa de uma maneira diferente. Na medida em que seu único acesso a esse mundo dá-se através do que veem e fazem, poderemos ser tentados a dizer que, após uma revolução, os cientistas reagem a um mundo diferente.[2]

A adoção de um novo paradigma não implica o abandono das descobertas feitas pela ciência até então, mas se caracteriza principalmente pela construção de problemas adicionais, para os quais os métodos tradicionais não são capazes de oferecer respostas de forma adequada.

No entanto, o processo de criminalização, como objeto da nova criminologia, nessa primeira etapa ainda era descrito de forma abstrata, desprovido de um conteúdo político específico. Ou seja, a forma concreta de como se dava a construção do crime em determinada sociedade ainda restava sem explicação. Tampouco havia consenso científico sobre a melhor metodologia a ser aplicada para conhecê-lo.

---

2. Ibid., pp. 145-6.

A criminologia do conflito foi a primeira teoria que buscou relacionar as teorias sociológicas com o funcionamento do sistema penal.

O modelo de sociedade até então adotado era o consensual, com base no qual se desenvolveu a teoria funcionalista da anomia, de Merton.

Os Estados Unidos e a Europa, berço das teorias sociológicas, nos anos 1960 viviam fortes contradições internas e externas. O conflito racial tornou-se explícito com as manifestações públicas; a guerra do Vietnã dividia as opiniões dos norte-americanos; as colônias da África e da Ásia se rebelavam diante do domínio europeu; os movimentos de contracultura se expandiam no mundo. Nesse contexto, como considerar que a sociedade vivia fundada em um consenso em torno de valores universalmente aceitos?

Assim, diante da combinação desse panorama científico e histórico, desenvolveu-se na sociologia a chamada escola conflitual, que, ao contrário das correntes estruturais-funcionalistas (consensuais) de Durkheim e Merton, passou a descrever a sociedade com base no conflito. Trata-se de teorias de caráter geral, nas quais o conflito não é o desvio de um sistema equilibrado, mas é a característica normal e universal de toda a sociedade.

A sociedade, segundo a sociologia do conflito, não se mantém coesa pelo consenso, mas pela coerção exercida por um grupo de indivíduos – detentores do poder – sobre todos os demais. Essa coerção, que impede a revolta da camada dominada, é exercida por meio de vários mecanismos, e o principal deles é o direito, sobretudo o penal. Assim, o direito penal não é mais visto como uma formulação neutra ou como um meio de proteger bens jurídicos de interesse comum, mas como meio de legitimação do uso da força estatal, por um grupo social, na proteção de seus interesses e na manutenção de sua posição de poder.

É esse modelo de sociedade conflitual que será desenvolvido por Ralf Dahrendorf, Lewis Coser, entre outros.

A SOCIOLOGIA DO CONFLITO

Foi a formulação teórica do sociólogo alemão Ralf Dahrendorf, professor das universidades de Hamburgo e Oxford, que teve maior influência nos Estados Unidos, principal centro da criminologia conflitual. Para a teoria do conflito, a sociedade consensual é uma construção fictícia e, portanto, inapropriada para a análise criminológica, que visa solucionar problemas concretos. Falta realismo às teorias consensuais. Historicamente, todas as formações sociais foram fundadas em uma base conflitual. O conflito está na base do próprio equilíbrio (que é dinâmico) do poder na sociedade.

Dahrendorf define a face conflitual da sociedade por meio de quatro pontos:

> Como eu disse, a teoria da coerção pode ser reduzida a um pequeno número de proposições básicas, embora bastante simplificadoras:
> 1) Toda sociedade está em todos os pontos submetida a um contínuo processo de transformação.
> 2) Toda sociedade reflete, em todos os aspectos, pontos de diferenças e conflitos. O conflito é onipresente.
> 3) Todo elemento de uma sociedade contribui para sua desintegração e sua mudança.
> 4) Toda sociedade se baseia na coerção de alguns de seus membros sobre os demais.[3]

O modelo de Dahrendorf tem a cautela de se afastar de qualquer postulado marxista, ou seja, não atribui às relações econômicas necessariamente a responsabilidade pela desigualdade entre as pessoas. Adota a sociologia de Weber, que prevê a possibilidade de diferentes origens (religiosa, política, tradicional) para a relação de autoridade. Trata-se de uma relação de natureza política.

Ao contrário, a desigualdade pode estar fundada em diversos fatores que historicamente foram levados em consideração

---

3. Ralf Dahrendorf, *Class and Class Conflict in Industrial Society*, p. 162.

para diferenciar os homens. Assim, é importante determinar o momento histórico da análise social para definir as bases da diferença social estabelecida.

Seja qual for seu fator de origem, o domínio de uma classe se dá principalmente por meio do direito, a ponto de Dahrendorf definir a desigualdade como a habilidade de certos grupos sociais de impor sanções. As mudanças sociais são produto da batalha entre os grupos, capaz de alterar as normas e os valores morais que elas expressam.

> Os ocupantes de posições de domínio e os ocupantes de posições de sujeição têm, em razão dessa posição, certos interesses que são opostos em conteúdo e direção. No caso dos responsáveis pela elaboração das normas, esses interesses, sendo "interesses regulados", podem ser descritos também como valores. [...]
> Em toda associação, os interesses do grupo que elabora as normas são os valores que constituem a ideologia e a legitimidade da norma, enquanto os interesses do grupo subjugado constituem a ameaça a essa ideologia e às relações sociais que ela encobre.[4]

Os conflitos, portanto, longe de serem patológicos ou estranhos à formação social, são um elemento normal e universal (estrutural) a todo tipo de sociedade. O equilíbrio absoluto não só é uma meta irreal, como também representa a antítese da liberdade. A desigualdade, ainda que pareça um paradoxo, leva à liberdade porque garante a mudança, pois a sociedade está em permanente reajuste, em um equilíbrio dinâmico.

O sociólogo alemão (radicado nos Estados Unidos) Lewis Coser[5] também analisou a sociologia do conflito, destacando a função positiva dele: assegurar a mudança e contribuir com a integração e a conservação do grupo.

---

4. Ibid., p. 174.
5. Sua obra é desenvolvida a partir da revisão dos textos de Georg Simmel, que também empregou conceitos da sociologia conflitual em *Sociology* (1958).

[...] o conflito dentro de um grupo frequentemente ajuda a revitalizar as normas existentes, ou contribui para a emergência de novas normas. Nesse sentido, o conflito social é um mecanismo de ajustamento de normas e adequação a novas condições. Uma sociedade flexível se beneficia dos conflitos porque seu comportamento, ajudando a criar e modificar normas, assegura sua continuidade sob novas condições. Tal mecanismo de reajuste de normas dificilmente está disponível em sistemas rígidos: pela supressão de um conflito maximiza-se o perigo de uma ruptura catastrófica.[6]

Para Coser, havia duas espécies de conflito, o realístico e o não realístico. Enquanto o primeiro exprimia apenas um meio de se alcançar fins frustrados por outros meios (por exemplo, a greve), os conflitos não realísticos eram fins em si mesmos (antissemitismo, preconceito racial), ou seja, não visavam nenhum resultado.

Os conflitos realísticos são positivos porque fazem parte da própria dinâmica social e propiciam sua evolução. Além disso, a própria sociedade pode desenvolver mecanismos alternativos para superar conflitos (realísticos), o que aumenta a força de suas instituições. Os conflitos não realísticos derivam simplesmente da necessidade de descarregar uma tensão agressiva e têm, portanto, raiz emocional. O desvio pode ser realístico ou não realístico. No primeiro caso, é possível a adoção de alternativas lícitas para se obter o mesmo fim, enquanto no segundo já não existe tal possibilidade (pois não há um fim a se alcançar).

A CRIMINOLOGIA CONFLITUAL DE VOLD

O primeiro autor a aplicar a sociologia do conflito na criminologia foi Georg D. Vold, em sua obra *Theorethical Criminology* (1958).

---

6. Lewis Coser, *The Functions of Social Conflict*, p. 154.

Vold adota o conceito interacionista da formação social, pois supõe que o homem tem necessidade de sentir-se membro de um grupo e de lhe ser leal; sua própria identidade é integrada pela imagem que o grupo faz dele. O conflito é uma das formas de interação. O homem é um ser que vive imerso em um grupo, e sua vida é, por um lado, uma parte e, por outro, um produto dessas associações grupais. A sociedade é vista como um conjunto de grupos mantidos juntos em um equilíbrio dinâmico e mutável de interesses e esforços opostos.

Essa concepção de uma série sem fim de movimentos e contramovimentos dos grupos em interação é o elemento essencial do conceito de processo social. E é esse processo que proporciona oportunidades para uma continuada mudança de posições.

Toda essa dinâmica resulta, ao fim, em uma luta constante para defender ou manter o lugar do próprio grupo em interação com os demais ou de superar suas posições relativas.

O conflito é, assim, um dos principais elementos de que depende a contínua evolução de uma sociedade, e essa dinâmica social do conflito se reflete no processo de criminalização.

Para Vold, o conflito explica grande parte do processo de criminalização, embora haja exceções (certos crimes não nascem das lutas de grupos, que devem ser estudados sob outro enfoque). Mesmo admitindo que o conflito influencie todo o processo de criminalização, sua análise concentra-se na criminalização primária (elaboração das leis).

O conflito preexiste à elaboração da lei penal. O crime nasce de um conflito entre diversos grupos. Um grupo politicamente influente elege seus valores como mais importantes e, para a defesa desses valores, promove a elaboração das leis penais. Os representantes desse grupo dominante tornam criminosas as condutas próprias dos grupos mais fracos, que antes desrespeitavam seus interesses, colocando contra eles então toda a força do poder estatal. O direito penal torna-se, portanto, um instrumento do grupo dominante para estabelecer seu domínio sobre um grupo minoritário.

Vold enumera como elementos do crime: 1) a precedência do processo de criminalização (e do conflito) sobre o comportamento criminoso; 2) a relação entre o processo de criminalização e interesses de grupos sociais em conflito; 3) o caráter político do crime (não meramente ontológico).

O principal objeto de estudo de Vold está na identificação dos grupos com poder de definição e nos interesses que privilegiam em relação aos grupos mais fracos e desorganizados na elaboração da lei penal. A conduta criminalizada pode inclusive ser um comportamento "normal" de indivíduos, mas politicamente indesejável. Não há nessa criminalidade um conteúdo ontológico, mas sim um forte elemento político.

Os conflitos entre grupos organizados são visíveis especialmente na política legislativa, que reflete em grande parte o problema de encontrar compromissos práticos entre interesses opostos. Mas os próprios conflitos existem na comunidade e na sociedade muito antes de se tornarem visíveis no processo legislativo. Como os grupos na sociedade se alinham uns contra os outros, cada um busca a assistência do Estado organizado para ajudá-lo a defender seus direitos e proteger seus interesses contra os grupos opostos. Essa situação geral de conflito entre grupos faz nascer a tradicional demanda *"deveria haver uma lei!"* – essencialmente adotada por um grupo que se utiliza da organização estatal para fortalecer-se no conflito com outros grupos. Naturalmente, os outros grupos, contra os quais a lei é dirigida, se opõem a essa passagem. Qualquer que seja o grupo interessado que consiga obter o número necessário de votos no processo legislativo determinará se haverá ou não uma nova lei que promova interesses do seu grupo e/ou que reprima os interesses dos demais grupos.

Uma vez que a nova lei tenha sido aprovada, aqueles que se opuseram a ela na legislatura estão mais aptos a violá-la, desde que eles defendam interesses e propósitos que estejam em conflito com ela. Aqueles que apoiaram a lei, ao contrário, têm mais probabilidade de obedecê-la e demandar as instâncias da justiça criminal para fazer valê-la contra seus violadores, desde que a lei defenda valores e propósitos que lhes interessem. Em outras palavras, aqueles que produzem a maioria legislativa vencem o controle da justiça criminal e decidem sobre a política que determina quem é mais apto a ser oficialmente definido e processado como criminoso.[7]

Vold, entretanto, mantém sua análise em um nível de abstração elevado. Não identifica concretamente quais são os grupos ou interesses que determinam a atual formação social e sua criminalidade. E, principalmente, tomando o conflito como um elemento normal e útil à sociedade, não responde como resolver essa situação de injustiça na escolha das condutas criminalizadas, que atende mais a interesses políticos do que a uma lesividade social concreta. Pois, se sempre houver conflito na sociedade, só se mudaria o conteúdo dessas leis penais, mas elas continuariam eternamente a servir como mero instrumento para assegurar os interesses de uma classe dominante (qualquer que seja ela em um dado momento histórico) e criminalizar grupos mais fracos.

O MODELO CRIMINOLÓGICO DE TURK

Austin Turk em princípio estudou a criminalidade juvenil e depois, em sua obra *Criminality and Legal Order* (1969), elaborou uma teoria geral da criminalização com base na sociedade de conflito, adotando uma perspectiva neutra, desprovida de valores. Embora o autor se utilize de elementos abstratos e amplos e de uma linguagem formal acadêmica, alguns pontos podem ser ressaltados.

Primeiramente, Turk afirma o paradigma da reação social, ao pressupor a criminalidade como um *status* social atribuído a uma pessoa por quem tem o poder de definição. Concentra-se, assim, no estudo da mecânica social que influi nesse processo de definição (que ele denomina de *ilegitimação*).

Admite também o conflito como um fenômeno universal e inevitável de toda forma de sociedade. Desse modo, a socieda-

---

7. Georg Vold et al., *Theorethical Criminology*, pp. 229-30.

de divide-se entre dominantes e dominados, sujeitos do poder e submetidos ao poder. Os detentores da autoridade não só elaboram normas, mas também determinam sua interpretação e direcionam sua aplicação. Ou seja, para Turk a criminalidade é o estudo das "relações entre os *status* e os papéis das autoridades legais – criadores, intérpretes e aplicadores de *standards* de direito e injusto por membros da coletividade – e dos submetidos, receptores ou opositores, mas não autores daquelas decisões com as quais o direito é criado e interpretado, ou feito valer coercitivamente"[8]. Essa posição de domínio, no processo de criminalização – que é estatal (legislador, polícia, juiz) –, é de caráter eminentemente político.

Turk estuda tanto a criminalização primária (elaboração das leis) quanto a secundária (a seleção operada pela polícia, pelo Ministério Público e pelo Poder Judiciário). Dentre as instâncias estatais de reação, entende que a polícia tem papel determinante na seleção de condutas e pessoas que serão objeto da reação social, pois a investigação policial é o principal meio de ingresso de fatos no sistema penal.

Ele introduz uma série de variáveis no estudo da criminalização.

Considera relevantes no estudo dos conflitos – como fenômeno geral e indissociável da sociedade – duas variáveis: 1) o grau de refinamento; 2) o grau de interiorização das normas. Tais variáveis se relacionam da seguinte forma: quanto mais organizados são os indivíduos que agem ilegalmente (como um bando), mais provável é o conflito. Da mesma forma, quanto menos refinados os infratores, também mais provável é o conflito. Sujeitos que agem individualmente e de forma refinada têm menos probabilidade de gerar conflito.

Posteriormente, ainda, intervêm duas outras variáveis: 1) a força relativa; 2) o grau de realismo. A primeira variável diz respeito à diferença de força entre a reação estatal e os grupos de

---

8. Austin Turk, *Criminality and Legal Order*, 3.ª ed., Chicago, apud Alessandro Baratta, *Criminologia crítica e crítica do direito penal*: introdução à sociologia do direito penal, p. 134.

infratores (organização, recursos, habilidade, quantidade de pessoas etc.). Quanto maior a diferença de forças, mais provável é a absorção dos violadores mais frágeis pelo sistema penal. A segunda variável diz respeito à possibilidade das autoridades de manter a relação de poder, ou seja, um aumento ou redução nas expectativas de êxito em sua atuação.

Assim, Turk tenta justificar a concentração da criminalização entre as camadas mais pobres. São os que têm menos refinamento, menos força e que agem, em geral, em bando. Entretanto, entende que, em ambos os extremos da força (violadores muito fortes e muito fracos), há uma tendência de desconsideração por parte das instâncias oficiais, por não compensar politicamente ao Estado combatê-los.

Turk distingue ainda normas sociais de normas culturais. As normas culturais associam-se a valores e estão no direito escrito (no qual predominam os valores de certos grupos marcados por sexo, idade e origem), enquanto as normas sociais se referem a comportamentos e estão no direito aplicado de fato, vivenciado. Os conflitos acontecem principalmente quando há congruência entre as normas culturais pregadas pela autoridade e seus modelos de condutas adotados na prática[9].

O autor também faz questão de afastar qualquer conteúdo marxista de sua teoria. Para ele, a sociedade contemporânea não pode mais ser descrita mediante a simples fórmula da separação da propriedade privada e do controle. Os trabalhadores de uma fábrica não são mais diretamente comandados pelos proprietários dos meios de produção, e seu conflito se trava com os gerentes que, dentro de uma estrutura complexa, exercem autoridade sobre eles. Os conflitos acontecem mais no mercado (no polo do consumo) do que na empresa (no polo da produção), em diversas relações de autoridade e sujeição, em cada papel que os indivíduos ocupam dentro da sociedade.

---

9. Turk afirma assim que é muito mais provável que um jovem negro protagonize um conflito do que uma mulher branca de meia-idade ou idosa, qualquer que seja sua posição. Austin Turk, *Criminality and Legal Order*, 3.ª ed., Chicago, apud Alessandro Baratta, op. cit., pp. 136-7.

O modelo de Turk, por sua complexidade e excesso de abstração, não é muito aplicado. Entretanto, é importante porque pela primeira vez enfatizou o estudo da atuação das instâncias oficiais de controle no processo de criminalização secundária.

O CONFLITO EM CHAMBLISS E SEIDMAN

Os sociólogos americanos Willian Chambliss, de Santa Barbara, e Robert Seidman, de Wiscosin, na obra *Law, Order and Power* (1971), também formularam uma importante versão conflitual do processo de criminalização. Admitem que a justiça penal, assim como o Estado de que faz parte, não é neutra, mas expressa o conflito de grupos que lutam constantemente pelo poder. Esse conflito se reflete tanto no momento de criação da lei (criminalização primária) quanto no de sua aplicação (criminalização secundária).

As leis não expressam valores consensualmente aceitos por toda a sociedade, mas servem a certos grupos de interesses. Salvo quando exprimem alguns valores moralmente aceitos, elas têm por conteúdo os valores de um grupo, que se impõem aos valores de outro grupo menos influente. Os diversos interesses presentes em uma sociedade pluralista não são assimilados de forma harmônica pelo sistema jurídico, mas o são na medida da posição política e econômica de seus beneficiários. Basta ver como o sistema, na prática, trata de modo diferente os brancos e os negros, os poderosos e os débeis, os ricos e os pobres.

O aparelho estatal é um instrumento nas mãos de uma classe dominante. Por meio da coerção, possibilita que grupos mais poderosos, convenientemente legitimados em um modelo teórico consensual e neutro de sociedade, mantenham sua autoridade sobre as demais classes. O conteúdo da legislação é somente o reflexo dessa dominação.

As normas exprimem o ponto de vista das classes médias e altas. Isso explica, em grande parte, a criminalização dos pobres, já que suas formas de vida são diferentes das expectativas institucionais e são eles que mais incomodam os grupos dominantes.

A lei penal descreve condutas que autorizam o Estado a utilizar a força contra os indivíduos e privá-los de sua liberdade, mediante o processo de criminalização, iniciado em geral pela polícia e, posteriormente, pelo Ministério Público e pelo Poder Judiciário. Esse processo constitui a criminalização secundária.

Essa segunda etapa do processo de criminalização, em uma sociedade conflitual, também não é neutra.

Os órgãos responsáveis pela aplicação da lei são burocráticos e absorvem de forma desproporcional um elevado número de pessoas marginalizadas e sem poder diante das graves violações praticadas por integrantes de grupos com mais prestígio na sociedade.

No momento de aplicação das leis, Chambliss e Seidman examinam decisões de juízes e tribunais. Elaboram um trabalho empírico e crítico do funcionamento da justiça norte-americana. Concluem que a jurisprudência "cria" o direito, principalmente em casos duvidosos, segundo seus critérios valorativos, que não possuem raízes em um direito natural, mas em suas próprias convicções pessoais (influenciadas pela classe social à qual pertencem). Orientam-se pela riqueza mais do que pela pobreza. Quando se tornam juízes de primeiro grau, os indivíduos sobem na escala social e então se concentram em suas próprias necessidades. Suas promoções ao tribunal se dão por razões políticas e, portanto, aqueles que se aproximam de pessoas politicamente poderosas têm mais chances de promoção. Portanto, há uma pressão sutil que aproxima os juízes dos interesses das pessoas mais ricas. Todo esse contexto se reflete nas decisões dos tribunais que, de uma forma ou outra, refletem as necessidades e desejos dos ricos e poderosos.

De seu estudo, Chambliss e Seidman extraem cinco proposições básicas:

1) As condições da própria vida (*"web of life"*) afetam os próprios valores e a internalização das normas;

2) As sociedades complexas são compostas por grupos com condições de vida muito diferentes;
3) Portanto, as sociedades complexas são compostas por um conjunto de normas muito conflitantes;
4) As oportunidades dos grupos terem seu próprio sistema normativo transformado em lei não são distribuídas equitativamente entre os grupos sociais, mas, ao contrário, estão relacionadas ao poder econômico que possuem;
5) Quanto mais alta a posição de um grupo, maior é a possibilidade de que seus pontos de vista sejam refletidos nas leis.[10]

Esses autores, ao analisarem o funcionamento da justiça criminal norte-americana, comparam-na com os modelos teóricos consensual e conflitual. Observam como a natureza burocrática desses órgãos se relaciona com a estrutura política conflitual. Como tais órgãos dependem de recursos públicos, eles poderão maximizar suas vantagens e minimizar suas pressões se processarem aqueles que são politicamente mais fracos e deixarem de processar aqueles politicamente mais poderosos.

Concluem, portanto, que o processo legislativo e as agências oficiais de controle operam no interesse de grupos com poder. Os interesses do grupo minoritário são representados apenas se seu conteúdo coincide com os interesses desses grupos de poder.

O CONFLITO EM QUINNEY

O sociólogo Richard Quinney é, depois de Sutherland, o autor mais citado em obras de criminologia[11]. Quinney iniciou seus estudos sob a abordagem funcionalista do crime, depois adotou a sociologia do conflito e na década de 1980 se tornou marxista. Nos anos 1990 abandonou o marxismo e fundou a

---

10. Willian Chambliss e Robert Seidman, *Law, Order and Power*, Chicago: Chicago Press, 1974, apud Miguel Langon Cuñarro, *Criminología sociológica*: el interacionismo simbólico, estudios de etnometodologia, las teorias del conflicto, p. 85.
11. Richard Quinney, *The Social Reality of Crime*, p. X.

peacemaking criminology. Atualmente é professor de sociologia na Universidade de Illinois. Neste capítulo será analisada sua obra de referência no estudo da criminologia conflitual, o livro *The Social Reality of Crime* (1970).

Primeiramente, Quinney afirmava que a sociedade pode ser analisada sob uma dupla perspectiva: 1) uma perspectiva estática, que vê o desvio como patológico em uma sociedade em equilíbrio, em que vigora a estabilidade e o consenso; 2) uma perspectiva dinâmica, que para ele é a mais apropriada para compreender a sociedade. Este último, portanto, é o modelo de sociedade adotado por ele para compreender o fenômeno criminal.

A perspectiva dinâmica de sociedade funda-se sobre quatro conceitos:

1) *O processo.* O processo social é uma série contínua de ações que têm lugar em um tempo determinado e se dirigem a um tipo de resultado especial. O fenômeno social tem duração limitada e se altera constantemente. Um fenômeno particular só pode ser visto dentro de toda a dinâmica social como parte integrante desse processo. Dessa constatação decorre que cada fenômeno deve ser estudado dentro de uma complexa rede de fatos, estruturas e processos constantes.

2) *O conflito.* Em qualquer sociedade, os conflitos entre pessoas, unidades sociais ou elementos culturais são inevitáveis. São a consequência natural da vida social. No modelo conflitual, a sociedade é moldada pela diversidade, pela coerção e pela mudança. O conflito não rompe necessariamente a sociedade e, para alguns, pode ser até funcional, dar coesão a ela.

3) *O poder.* A concepção de sociedade conflitual leva à conclusão de que sua coesão é assegurada pela coerção. O poder é, portanto, a característica básica da organização social. O conflito e o poder estão intimamente unidos nessa concepção dinâmica de sociedade. A distribuição desigual do poder produz o conflito entre grupos de interesses opostos, e o conflito, por sua vez, é travado na disputa pelo poder. Onde quer que haja um agrupamento humano, haverá conflito e luta pelo poder.

O poder é a capacidade de pessoas ou grupos de determinar a conduta de outros grupos ou pessoas. Ele é utilizado como veículo para impor valores (materiais, morais ou de qualquer outra natureza) na sociedade. Em qualquer sociedade, os meios institucionais são utilizados para estabelecer oficialmente e reforçar valores para toda a população.

4) *A ação social*. Toda ação humana tem uma finalidade e um significado, é uma adesão a determinadas metas ou intenções e leva em consideração as consequências que gera. Esse significado deve ser buscado tanto na consciência individual quanto nos valores sociais. O tipo de cultura que o homem desenvolve determina sua capacidade de ser criativo e sua liberdade de agir. Portanto, toda conduta humana, assim como a realidade social, é construída com todos esses elementos.

A realidade social é formada tanto pela realidade conceitual como pela realidade fenomenológica. Construindo uma realidade social, o homem encontra um mundo de significados e fatos que são reais para ele e, assim, forma sua consciência de ser social.

A teoria do crime de Quinney foi exposta em seis proposições, devidamente esclarecidas e inter-relacionadas, com base no modelo exposto de sociedade conflitual. São elas:

Proposição 1 (definição de crime): Crime é uma definição da conduta humana, criada por agentes autorizados em uma sociedade politicamente organizada.

Quinney adota a perspectiva do *labeling approach*: a lei define condutas criminosas e o controle social as constrói (a partir da concretização da lei). O crime é um juízo que certas pessoas dotadas de autoridade fazem sobre o comportamento de outras. Tal juízo não se pauta, como deveria, pela qualidade das próprias ações ou sua nocividade, mas por outros critérios, predominantemente políticos.

O crime, assim, é criado pelos "agentes da lei". O primeiro deles é o legislador, mas não é o único, pois esse conceito abrange todos os aplicadores da lei, tais como policiais, promotores, juízes e agentes penitenciários.

> Os agentes da lei (legisladores, polícia, promotores e juízes), representando segmentos de uma sociedade politicamente organizada, são responsáveis pela formulação e aplicação do direito penal. Pessoas e comportamentos, portanto, tornam-se criminosos por causa da formulação e aplicação de definições criminais. Assim, o crime é criado.[12]

O autor afasta, portanto, a concepção positivista de crime como uma patologia individual ou uma característica hereditária.

Proposição 2 (formulação das definições de crime): As definições criminais descrevem comportamentos que estão em conflito com os interesses dos segmentos da sociedade que têm o poder de formular as políticas públicas.

As leis penais, desse modo, representam os interesses daqueles que detêm o poder na sociedade. Onde quer que exista um conflito entre segmentos sociais, aqueles que possuem o poder criam normas em seu benefício, subjugando seus rivais. Esses segmentos que controlam a criação das leis, se necessário, promoverão iniciativas para proteger seus interesses políticos, econômicos ou religiosos e podem alterar inclusive as concepções gerais sobre quais são os interesses públicos.

> A formulação de definições de crimes é uma das mais óbvias manifestações do conflito na sociedade. Por meio do direito penal (incluindo a lei penal, as regras processuais e as decisões judiciais), alguns segmentos da sociedade protegem e perpetuam seus próprios interesses. As definições criminais existem, pois, porque alguns segmentos da sociedade estão em conflito com outros. Daí segue que, quanto maior o conflito de interesses entre

---

12. Ibid., p. 15.

os segmentos da sociedade, maior a probabilidade de que o segmento que detém o poder formule definições criminais.[13]

Alguns segmentos – como prisioneiros, pobres, doentes mentais – possuem pouca ou nenhuma organização e por tal razão não costumam ter seus interesses contemplados pelas leis. Contrariando Vold, Quinney defende que toda definição de crime tem caráter conflitual (e não só algumas). Entende que as pessoas desequilibradas e impulsivas, autoras de homicídios, são um segmento que não está organizado em nenhum grupo de interesse.

A lei é, portanto, uma clara manifestação do conflito existente na sociedade. É feita para manipular os setores sem poder. Porém, tal domínio é exercido de forma articulada, de modo que o sistema possa adaptar-se para não haver nenhum choque.

Proposição 3 (aplicação das definições criminais): As definições criminais são aplicadas por segmentos da sociedade que têm o poder de determinar a execução e a administração da lei penal.

Os interesses dos segmentos detentores do poder intervêm em todas as etapas da criação da definição criminal, pois não podem ser protegidos apenas pela elaboração de uma lei penal. É necessário aplicá-la efetivamente, e para isso se faz necessária a intervenção das instâncias de controle social.

Da mesma forma como acontece na criminalização primária, a probabilidade de que uma definição criminal seja aplicada de fato varia de acordo com a intensidade do conflito que ela reflete, da força e do poder dos segmentos em conflito no caso.

A lei penal não é aplicada diretamente pelos segmentos envolvidos no conflito, mas por delegação aos órgão de administração da justiça. Entretanto, esses órgãos aplicadores da lei em geral representam, de forma direta ou indireta, segmentos mais poderosos da sociedade. Mesmo quando isso não ocorre, eles são

---

13. Ibid., p. 17.

influenciados pelas expectativas de sua comunidade e pela ideologia de sua organização, que, embora de maneira reflexa, sofrem também a influência dos segmentos detentores do poder.

A probabilidade de que uma definição criminal seja aplicada em situações específicas depende da ação dos agentes da lei. Em última análise, uma definição criminal é aplicada de acordo com a avaliação feita por alguém dotado de autoridade e força. No curso dessa "criminalização", o rótulo de crime pode ser afixado em uma pessoa em razão de atributos reais ou pelo que ela representa (para a sociedade).[14]

Proposição 4 (desenvolvimento de padrões de comportamento relacionados com as definições criminais): Os padrões de comportamento estão estruturados com base nas definições criminais, em uma sociedade organizada e segmentada. E, nesse contexto, as pessoas se comportam considerando a probabilidade de serem definidas como criminosas.

Todas as pessoas em uma sociedade (independentemente do segmento a que pertencem) agem de acordo com um sistema normativo aprendido em seus contatos sociais e culturais. Cada sociedade define seus crimes, e são eles que moldam o comportamento de seus membros, pois ninguém quer ser definido como criminoso.

As pessoas dos segmentos da sociedade que não estão representadas na elaboração das leis e na sua aplicação, entretanto, estão mais suscetíveis a realizar comportamentos definidos como criminosos e a ser objeto de um processo de criminalização do que as pessoas pertencentes aos segmentos que formulam e aplicam as leis.

Proposição 5 (construção da concepção criminal): Concepções de crime são construídas e difundidas nos segmentos da sociedade por vários meios de comunicação.

---

14. Ibid., p. 20.

O mundo real é um mundo em construção: o homem em interação com os outros cria o mundo em que vive. A realidade social é o mundo que um grupo de pessoas cria e acredita como seu. Dentre as construções que se desenvolvem na sociedade, está a que o homem considera como crime. Onde quer que ele encontre o conceito de crime, haverá concepções sobre a relevância do crime, as características dos criminosos e a relação do crime com a ordem social. Essas concepções são formadas por meio de comunicações.

Nesse processo de construção, é de grande relevância o papel dos meios de comunicação de massa. É pela mídia que as concepções a respeito do crime são construídas e difundidas em todos os segmentos da sociedade. As concepções mais valorizadas são aquelas adotadas pelos segmentos detentores do poder na sociedade. Seus valores são incorporados na realidade social do crime.

Portanto, quanto mais poderoso o segmento interessado, maior a probabilidade de que as definições criminais sejam criadas com base em seus valores e de que seus padrões de comportamento sejam desenvolvidos em oposição às definições criminais.

Proposição 6 (a realidade social do crime): A realidade social do crime é construída pela formulação e aplicação das definições criminais, pelo desenvolvimento de padrões de comportamento relacionados a tais definições e pela construção de concepções a respeito do crime.

Esta última proposição traz a síntese da teoria de Quinney, que ele denomina de *realidade social do crime*. Ao descrever e explicar as variáveis que configuram a gênese do crime na sociedade, Quinney constrói a sua realidade social do crime.

Todas as proposições, assim, estão inter-relacionadas, em um processo dinâmico de criação da realidade criminal – em uma sociedade de conflito.

A POLÍTICA CRIMINAL

A mudança de paradigma trazida pelo *labeling approach* e incorporada pela criminologia do conflito transforma não só o estudo da criminalidade, mas também a formulação de políticas criminais.

Para a criminologia do conflito, não há nenhum conteúdo ontológico na noção de crime, pois tudo se reduz a uma expressão do conflito entre grupos ou segmentos dentro da sociedade. Então, a própria concepção de política criminal como "conjunto de procedimentos por meio dos quais o corpo social organiza as respostas ao fenômeno criminal"[15] deve ser encarada de forma diferente.

Assim, não há como falar em combate à criminalidade de forma geral, pois, se o crime é uma construção artificial, tudo o que as estatísticas criminais nos mostram são os valores defendidos pelos grupos que detêm o poder e o perfil dos indivíduos que oferecem perigo a esses valores. Portanto, toda medida repressiva voltada a combater esses "crimes" são ações políticas que visam garantir, de uma forma ou de outra, a integridade dos valores (que adquirem a forma de bens jurídicos) de um grupo com mais poder.

Obviamente, as leis penais que criminalizam condutas em geral descrevem condutas socialmente nocivas[16]. É necessário que haja legitimidade na atividade legislativa e conformidade com os preceitos da Constituição Federal. Mesmo assim, resta uma ampla área de discricionariedade ao legislador. As condutas lesivas que são criminalizadas seguem a tendência do modelo de Estado que cria as leis e os valores que os indivíduos que detêm o poder consideram os mais importantes[17].

---

15. Mireille Delmas-Marty, *Os grandes sistemas de política criminal*, p. 42.
16. Embora nem sempre seja assim, pois o direito penal já foi explicitamente utilizado para prender e torturar minorias políticas, ditas subversivas, nos países da América do Sul, em pleno século XX.
17. Basta notar a tendência à proteção do Estado nos regimes monárquicos, à proteção do patrimônio nos diplomas liberais-burgueses, por exemplo.

Desse modo, considerando essa racionalidade no processo de criminalização, tem-se duas conclusões: 1) não há ontologicamente crimes, mas problemas sociais, de naturezas diversas, que são transformados em crimes, e que não podem, apenas por essa circunstância, ser tratados da mesma maneira; b) o direito penal não serve para reduzir as condutas criminalizadas, mas simplesmente para controlar uma camada da população menos influente, sob a coerção do uso da força estatal. Aumento de penas e de tipos penais não resolve os problemas sociais criminalizados.

Como o conflito é um fenômeno inevitável, inerente a toda formação social, não há como eliminar a criminalidade como produto da atuação das instâncias oficiais, pois sempre haverá um grupo no poder que criminalizará condutas que ofendam seus interesses e um grupo minoritário preferencialmente criminalizado. Se mudar o segmento que se encontra no poder, a aferição dos bens jurídicos sofrerá alteração, mas a criminalidade jamais será eliminada, pois isso só seria possível em uma sociedade sem classes, em que houvesse consenso em relação aos valores. Esse modelo de sociedade, para os conflituais, é artificial e, como diria Dahrendorf, utópico.

A sociologia do conflito concentra seus estudos em um âmbito abstrato e genérico, não se estendendo às condições específicas que regem a distribuição do poder na sociedade contemporânea. Dessa forma, não se propõe analisar quais são os problemas sociais selecionados e definidos como crimes na sociedade atual e quais os meios de superar tais problemas.

Nesse contexto, a política criminal (ou as proposições que mais se aproximam de uma política criminal) da criminologia conflitual volta-se aos órgãos que criam o crime por meio de interpretações e definições, propondo-lhes uma aplicação mais consciente e menos política da lei no processo de criminalização, para de alguma forma tentar atenuar (pois é impossível extinguir) essa parcialidade do sistema penal. São as seguintes:

1) O direito penal é produto de um conflito entre grupos de interesses opostos dentro da sociedade e reflete os interes-

ses dos grupos com mais poder. Assim, o operador do direito deve ter consciência desse conflito, para que, na medida do possível, não utilize a lei apenas para impor valores ao grupo menos influente, mas sim interpretá-la com consciência para identificar casos em que haja de fato uma lesividade social evidente.

2) Os meios de comunicação são um instrumento poderoso utilizado pelos grupos detentores do poder para difundir seus valores por toda a sociedade, principalmente no tocante aos bens jurídicos penais. É importante refletir a respeito da ênfase dada pela mídia a certas espécies de delitos e criminosos e a pouca importância dada a outros.

3) As instâncias de controle também devem repensar seus papéis na seleção (necessária) dos crimes que ingressam no sistema penal e analisar os critérios que predominam em suas escolhas. Devem buscar selecionar condutas diante da lesividade social concreta dos fatos.

4) O problema da eliminação de comportamentos danosos não se trata mais de um problema do direito penal, em razão de sua atuação excessivamente política. Uma mudança nos padrões dos diversos comportamentos considerados lesivos só é possível de se alcançar com a colaboração de outros setores da sociedade, fora do direito penal, da política.

5) O caminho a seguir, portanto, está na busca da diminuição da desigualdade social ou mesmo da diminuição da diferença entre os grupos sociais, para que o conflito dentro da sociedade seja o mais equilibrado possível e não se resolvam todas as diferenças de valores no campo do direito penal. Também se deve buscar sempre aumentar a tolerância de comportamentos e condutas de grupos minoritários, em uma sociedade complexa e plural. E os aplicadores da lei, assim como todos os membros da sociedade, devem buscar enxergar quem é o criminoso da sua sociedade e qual o real significado de sua conduta, em uma situação de conflito entre grupos.

CRÍTICAS

A criminologia do conflito, embora tenha se aprofundado um pouco mais na questão da reação social, por ter apontado a criminalização como um processo de poder em uma sociedade em conflito, e assim ter dado maior realismo ao seu estudo, ainda sofreu várias críticas. As principais, como aconteceu com o *labeling approach*, ainda se referem a seu alto grau de generalização e abstração na abordagem do problema do crime, além de seu caráter conservador.

Pode-se assim apontar como principais críticas:

1) A criminologia do conflito tem uma natureza altamente abstrata. Busca descrever o fenômeno da criminalidade em todas as sociedades, de qualquer tempo. Nesse seu esforço para alcançar tal generalização, abandona o estudo da sociedade contemporânea capitalista tardia ou moderna (ou ainda, para alguns, pós-moderna). Assim, como afirma García-Pablos de Molina:

> Os teóricos do conflito deixaram de estabelecer a difícil, mas necessária correlação entre um determinado conflito, cuja natureza e perfil deveriam precisar, e concretas formas de criminalidade. Em consequência, se viram obrigados a esvaziar de todo o conceito de conflito, e levar esse a um âmbito filosófico e político não suscetível de verificação empírica. Ou, inclusive, a forçar a realidade, atribuindo-lhe um suposto conteúdo material a fatos que evidentemente carecem dele.[18]

No mesmo sentido, a crítica de Baratta:

> Elas (as teorias conflituais) desperdiçaram um grande tema: conflito social e criminalidade, enfrentando-o com um modelo de conflito ao qual permanecem estranhos, substancialmente, os termos mesmos da questão criminal. Sob este aspecto, pois, as

---

18. Antonio García-Pablos de Molina, op. cit., p. 848.

teorias conflituais da criminalidade não conseguiram superar os limites fundamentais dos desenvolvimentos criticamente mais avançados da teoria do *labeling*. Estas – como se recordará –, mesmo denunciando a desigualdade e a relação de antagonismo e de hegemonia entre os grupos, carecem de uma análise que desça da esfera política à individualização das condições estruturais da sociedade, na qual aqueles grupos interagem e se confrontam.[19]

2) A criminologia do conflito, embora enxergue o problema do poder e de sua distribuição desigual, ainda é conservadora. Entende o conflito como necessário e funcional a toda a sociedade e não defende a alteração da ordem política e econômica atual como solução para o problema da criminalidade, pois, da mesma forma, ela sempre vai existir. Ou seja, continua a legitimar o *status quo*. Faz parte do que Baratta denomina criminologia liberal.

[...] a criminologia não está em condições de fornecer, em substituição à ideologia negativa da defesa social, uma ideologia positiva, ou seja, uma antecipação teórica e uma estratégia prática capaz de guiar a práxis para uma posição socialmente justa, realista e não meramente repressiva do problema do desvio e do controle dos comportamentos socialmente negativos, mas antes, fornece uma nova ideologia negativa racionalizante de um sistema repressivo mais atualizado em relação ao nível alcançado pelo desenvolvimento da sociedade capitalista.[20]

O CRIME DO COLARINHO BRANCO NA PERSPECTIVA CONFLITUAL

Na perspectiva da reação social, sob a óptica da teoria conflitual, o estudo dos *white collar crimes* assume uma dimensão diferente. Sua falta de perseguição pelo sistema penal se assume mais compreensível no âmbito de uma sociedade complexa, em que vigora o conflito e a disputa entre grupos de interesse.

---

19. Alessandro Baratta, op. cit., pp. 143-4.
20. Alessandro Baratta, op. cit., p. 150.

Como foi visto, os criminólogos do conflito situaram seus estudos em um plano abstrato e terminaram por se afastar das discussões de problemas concretos e pontuais. Assim, a teoria sofreu com a falta de objetividade e pragmatismo.

Os crimes do colarinho branco não chegaram a ser analisados pelos teóricos da sociologia do conflito, assim como qualquer outra espécie de criminalidade em concreto. Mesmo assim, com base em suas premissas, podem-se extrair algumas possíveis explicações para a existência e a falta de persecução dos crimes do colarinho branco.

Esse tipo de crime surge no contexto de uma sociedade formada de segmentos constantemente em conflito, em disputa pelo poder, para afirmar e fazer valer seus interesses.

Os autores dos crimes do colarinho branco são, por definição, indivíduos com prestígio e poder dentro da sociedade. Assim, pode-se dizer que estão (e sempre estarão) dentre os segmentos com maior influência sobre o legislador e os aplicadores do direito penal.

E, sendo a camada social e o poder as variáveis determinantes na criação de tipos penais e na persecução concreta, a condição dos autores do delito do colarinho branco explica a razão da falta de criminalização de suas condutas em um primeiro momento (até o século XX) e a ausência de persecução de seus crimes na atualidade.

Embora os crimes do colarinho branco tenham permanecido por longo período fora dos diplomas penais (o que foi relatado por Sutherland), com a primeira crise do capitalismo (quebra da bolsa de 1929), as duas grandes guerras e o fortalecimento do socialismo, houve uma pressão política por uma resposta estatal aos abusos das empresas no mercado. Foi então que, nesse período, começou-se a criminalizar condutas referentes às camadas mais elevadas da sociedade.

Como foi visto, porém, desde o *labeling approach*, o crime passou a ser encarado não como um fato natural ontológico, mas como um processo de criminalização, do qual a previsão legal é apenas a primeira e necessária etapa. Para que efetivamente seja um fato reconhecido como delito, ele deve ser assim definido pelas agências estatais de controle, na chamada criminalização secundária.

De fato, a previsão legal dos crimes do colarinho branco teve um impacto no discurso político. Como é comum até os dias de hoje, a criminalização de certas condutas mostra uma aparente vontade política de combater sua ocorrência e termina por isentar o Estado de atuar em qualquer outra esfera para de fato resolver o problema. Desse modo, a simples previsão dos crimes do colarinho branco nas leis fez com que o Estado demonstrasse interesse pelo tema, mas se eximisse de tomar quaisquer outras medidas concretas e de impacto direto na atividade dessas pessoas de prestígio para impedir, de fato, as práticas abusivas realizadas em suas atividades profissionais[21].

Como se pôde ver, entretanto, a principal fase no processo de criminalização na sociedade contemporânea está justamente na chamada criminalização secundária, ou seja, na aplicação da lei penal a situações reais pelos órgãos que compõem o sistema penal. Isso porque se verifica hoje uma tendência de ampliação do chamado Estado penal, com um aumento constante na elaboração de leis penais, como resposta para as mais variadas demandas sociais. A criminalização de condutas se tornou uma forma simples de lidar com problemas das mais diversas origens. E o discurso político que a acompanha tem grande prestígio perante a sociedade, influenciada pela visão repressiva promovida pelos meios de comunicação. Diante desse universo amplo de tipos penais, as instâncias de controle são obrigadas a selecionar certo número de condutas para ingressar no sistema penal. E é essa seleção de condutas e pessoas – que serão objeto de definição de crime e criminoso – que tem hoje o papel principal no processo de criminalização.

Assim, de certo modo foi até conveniente aos poderosos também ter suas condutas criminalizadas, pois tal fato dá à so-

---

21. Tais comportamentos não foram analisados como um problema social. Não foram tomadas medidas eficientes externas ao direito penal visando reduzir esses comportamentos no mercado. Ao contrário, como demonstrou a teoria da anomia, havia sempre maior pressão por sucesso e lucro.

ciedade uma aparente abordagem isonômica entre a criminalidade dos mais poderosos e a dos menos favorecidos. Legitima, de forma abstrata, por meio da igualdade formal, todo o funcionamento do sistema punitivo.

Como já se viu, porém, é na aplicação da lei penal que vai ocorrer a verdadeira desigualdade. Todo o sistema penal se volta primordialmente à punição dos tradicionais delitos praticados pelas camadas mais baixas da sociedade, sobretudo os delitos contra o patrimônio. É essa forma de atuar do sistema penal que cria o perfil da população carcerária e condenada em geral. Os mais poderosos continuam ausentes dos bancos dos réus. A polícia não procura em tais pessoas os criminosos, e o sistema, como um todo, não os absorve.

Quinney já alertava para o fato de que a seleção de condutas do sistema penal não se fazia pela lesividade social, mas com base em outros valores. Observou também que os agentes do sistema penal representam apenas os interesses das camadas mais elevadas e impõem essa visão de mundo na interpretação dos fatos. Chambliss e Seidman também destacaram a necessidade de aval político das camadas mais influentes para a promoção de cargos nas carreiras públicas. São, portanto, vários os fatores que dissuadem o sistema a punir os mais influentes. Sutherland estava certo ao observar que tais condutas, embora previstas como crimes do colarinho branco, não eram incorporadas pelo sistema penal; ao contrário, ele resolvia apenas uma insignificante quantidade de casos, enquanto, no tocante aos demais delitos, a realidade era outra.

Se tais pessoas mais influentes controlam o funcionamento do sistema penal e suas escolhas, resta então a pergunta: quem são de fato esses "poderosos" na sociedade contemporânea? As teorias do conflito preferiram não abordar os problemas específicos de uma sociedade concreta, embora já tenham dado um passo a mais com relação à elaboração teórica do *labeling approach*. Um maior grau de objetividade veio a ser alcançado pela criminologia crítica, como se verá no próximo capítulo.

CAPÍTULO 6. A CRIMINOLOGIA CRÍTICA

"A grande miséria da criminologia é de ter sido somente
uma criminologia da miséria."
(Lola Aniyar de Castro)

CONTEXTO HISTÓRICO-CIENTÍFICO

A criminologia crítica, como teoria que apresenta uma análise sociológica de índole marxista do fenômeno criminal, surgiu nos Estados Unidos e na Inglaterra, na década de 1960. Motivou-se historicamente pelo mesmo contexto que impulsionou as escolas conflituais: a tensão social interna e o panorama conturbado da política internacional.

No plano internacional, o mundo se dividia em dois blocos: o socialista e o capitalista, dois sistemas de produção com valores opostos. A guerra fria e a hostilidade entre as grandes potências, Estados Unidos e União Soviética, deixava o mundo em constante expectativa, sempre sob a ameaça de um confronto direto. Tal situação mostrava que a sociedade mundial estava longe de alcançar o consenso.

Os Estados Unidos participavam, sob protesto da população, da guerra do Vietnã e também enfrentavam problemas de ordem racial e social que frustravam as promessas de prosperidade e igualdade de oportunidades do *American Dream*. Era assim evidente que, internamente, a sociedade também não estava equilibrada e unida pelo consenso em torno de valores comuns. Havia muitas diferenças culturais, raciais, políticas e econômicas que separavam os membros da sociedade em classes diferentes. E essas classes frequentemente se confrontavam, demonstrando que a sociedade era de fato sustentada pela força e pela coerção.

Na Inglaterra, os anos 1960 representaram um período de declínio de sua influência no cenário internacional, a emergência de uma alta taxa de desemprego e o crescimento da imigração de africanos, árabes, paquistaneses e indianos. O país enfrentava também problemas de crise na indústria, inflação, pobreza e racismo.

O modelo de sociedade consensual baseava-se em uma sociedade uniforme, em que se estudavam justamente condutas "desviantes" dos padrões sociais e definições legais, tais como a exploração da prostituição, o homossexualismo, a utilização de drogas. Esse contexto de conflitos sociais demonstrou que o pressuposto teórico das teorias funcionalistas de fato não existia. A sociedade se encontrava dividida em classes ou grupos que aderiam a diferentes valores e que com frequência entravam em conflito.

A MACROSSOCIOLOGIA MARXISTA

A sociologia de influência marxista tem por principal característica o estudo histórico da sociedade. Marx, da mesma maneira que Durkheim, busca elaborar uma teoria geral, de alcance pleno, mas, ao contrário daquele, procura situar sua teoria em determinada época, em determinado espaço. E a teoria de Marx é a teoria da sociedade capitalista, que surgiu na Europa no século XIX e se expandiu por todos os continentes.

Sob a perspectiva marxista, o conflito não é uma característica de toda e qualquer sociedade nem é funcional ou útil a seu desenvolvimento. A sociedade capitalista é caracterizada pelo conflito de classes – entre a classe proletária e a classe dos proprietários dos meios de produção –, e esse conflito não é uma característica positiva.

Para a sociologia marxista, o conjunto das relações de produção constitui a estrutura econômica da sociedade, que é a base concreta sobre a qual se ergue uma superestrutura jurídica e política e à qual correspondem formas de consciência social determinadas. O modo de produção da vida material condiciona o processo da vida social, política e intelectual em geral da sociedade capitalista.

O capitalismo se define como um sistema de mercantilização universal e de produção de mais-valia[1]. Ele mercantiliza as relações, as pessoas e as coisas. Ao mesmo tempo, mercantiliza a força de trabalho, a energia humana que produz valor. Por isso, transforma as próprias pessoas em mercadorias, tornando-as secundárias a sua força de trabalho. Na essência do capitalismo estão, ao mesmo tempo, a mais-valia, que fundamenta a acumulação de capital, e o proletariado, que produz a mais-valia.

É, portanto, o modo de produção capitalista que determina a formação das classes sociais e delineia a organização política do Estado.

A propriedade privada dos meios de produção vigente na sociedade capitalista dá origem a duas classes sociais, que estão em natural e permanente conflito: os proprietários dos bens de produção ou do capital (burgueses) e os que só são proprietários da força de trabalho (operários assalariados). Como quem possui os meios de produção também controla o emprego, a distribuição e a apropriação do excedente socialmente produzido, os interesses de quem é excluído dessa propriedade são necessariamente opostos aos dos primeiros.

Desse modo, ambas as classes estão sempre e necessariamente em uma relação de antagonismo. Enquanto uma classe (burguesia) instaura o capitalismo, a outra (proletariado) começa a lutar pela destruição do regime no instante mesmo em que ele surge. Para o marxismo, em última instância, a historicidade, ou seja, a transitoriedade do capitalismo, depende do desenvolvimento desses antagonismos e lutas. O confronto por meio do

---

1. A mais-valia é uma expressão marxista que designa a quantidade de valor produzido pelo trabalhador para além do tempo de trabalho necessário à produção de um valor equivalente ao que o mesmo trabalhador recebeu em salário. Ou seja, o tempo de trabalho empregado pelo trabalhador é sempre superior ao tempo necessário para produzir o equivalente àquilo que esse mesmo trabalhador aufere em remuneração. Nessa diferença é que está a mais-valia, apropriação indevida que o detentor dos meios de produção faz do trabalhador (in: Rui Leandro Maia [org.], *Dicionário de sociologia*, p. 226).

qual o capitalismo supostamente entrará em colapso final é entre proletariado e burguesia.

Na política, a influência do modo de produção capitalista também é determinante. O Estado burguês, na visão marxista, constitui uma expressão essencial das relações de produção específicas do capitalismo. O Estado é, enfim, um órgão da classe dominante. O monopólio do aparelho estatal, diretamente ou por meio de grupos interpostos, torna-se a condição básica do exercício da dominação. O poder político, nesse contexto, nada mais é do que o poder organizado de uma classe para a opressão da outra.

O direito é uma das formas como se institucionalizam as relações de domínio da classe dominante (burguesia) sobre a classe mais fraca (operariado). Não constitui, portanto, um conjunto neutro de valores, nem se apoia no consenso. Reproduz os valores da classe dominante no sistema capitalista e visa perpetuar e legitimar a dominação do proletário pelo burguês.

Dessa forma, o direito penal de uma sociedade capitalista não defende todos nem somente os bens essenciais a todos os membros da sociedade. Não é um direito igualitário, mas fragmentário, que tende a privilegiar os interesses das classes dominantes e a excluir do processo de criminalização comportamentos socialmente danosos, típicos de indivíduos pertencentes a essas classes, funcionalmente ligados à acumulação capitalista. Assim, o direito penal produzido em tais condições sociais, segundo Baratta, "tende a dirigir o processo de criminalização, principalmente, para as formas de desvio típicas das classes subalternas"[2].

O SURGIMENTO DA CRIMINOLOGIA CRÍTICA

Foi, de fato, no período dos anos 1960 até meados dos anos 1970, no momento histórico descrito de modo breve no início deste capítulo, e com base na sociologia de Marx, que

---

2. Alessandro Baratta, *Criminologia crítica e crítica do direito penal*: introdução à sociologia do direito penal, p. 165.

surgiu a criminologia crítica. Nasceu nos países de capitalismo mais avançado, principalmente nos Estados Unidos (Universidade de Berkeley) e Inglaterra (sobretudo em torno da National Deviance Conference[3]) e em plena crise do Estado Social ou Providência.

A criminologia crítica adota o novo paradigma da reação social e da sociedade conflitual, o primeiro construído pelo *labeling approach* e o segundo, pela criminologia do conflito, mas o faz aprofundando e concretizando as considerações de caráter político feitas até então ao sistema penal, bem como seus mecanismos de atuação, seleção e definição do fenômeno criminal.

O principal objetivo da criminologia crítica foi a desconstrução do discurso jurídico penal, por meio de uma descrição macrossociológica da realidade, ou seja, sua meta inicial é demonstrar como o programa oficial do direito penal é falso e encobre uma função real e oculta, que é a de reproduzir as desigualdades sociais e manter de forma eficiente o *status quo* social.

Essa desconstrução é alcançada de diversas maneiras, e analisaremos a visão de Alessandro Baratta, Michel Foucault e Eugenio Raúl Zaffaroni.

A criminologia crítica surgiu com a análise marxista do fenômeno criminal. Como o próprio Marx não analisou com profundidade o sistema penal, essa tarefa foi realizada por autores marxistas posteriores, por meio de uma interpretação do materialismo histórico.

Nesse intento, os criminólogos de influência marxista buscaram dar um conteúdo ao conflito social e, portanto, vê-lo de maneira histórica e individualizada. Para eles, o conflito nas sociedades ocidentais resultava da superestrutura econômica, do modo de produção capitalista, que produzia a criminalidade como um sistema integrante do poder, cuja finalidade seria a manutenção do *status quo*: a desigualdade social e a concen-

---

3. Inclusive há autores, como Vera Regina Pereira de Andrade e Muñoz Gonzales, que fazem uma subdivisão, denominando a criminologia norte-americana de radical e a inglesa de nova criminologia (in: Vera Regina Pereira de Andrade, *A ilusão da segurança jurídica*: do controle da violência à violência do controle penal, p. 187).

tração da riqueza nas mãos dos proprietários dos meios de produção.

O marxismo já havia sido utilizado como método de análise do problema criminal ainda quando vigorava na criminologia o paradigma etiológico. O holandês Williem Bonger, em 1916, no auge da escola positivista italiana, publicou sua obra *Criminality and Economic Conditions*. Nela, defendia que o crime era causado por sentimentos egoístas que existiam no ser humano. Mas, ao contrário do que pensava Lombroso, para Bonger tais sentimentos não se manifestavam por meio do atavismo, mas eram desenvolvidos pelo modo de produção capitalista.

O egoísmo, para Bonger, era produto do ambiente social e, em especial, do modo de produção capitalista. A burguesia, que era proprietária dos meios de produção, empregava meios inescrupulosos, ilegais se necessário, para proteger e aumentar seus lucros. Nessa busca por vantagens, explorava a mão de obra assalariada, pagando-lhe o mínimo possível por seu trabalho, sem nenhum sentimento de reciprocidade em relação aos demais indivíduos e classes. Ao contrário, essa classe via os trabalhadores como meros instrumentos para servir a seus interesses – indivíduos cuja dignidade ou bem-estar não lhes diziam respeito. Afirmava Bonger:

> Vimos que o presente sistema econômico e suas consequências enfraquecem os sentimentos coletivos. A base do sistema econômico do nosso tempo se fundava na troca, os interesses econômicos dos homens estão necessariamente de lados opostos. Esse é o traço que o capitalismo tem em comum com os outros meios de produção. Mas sua principal característica é que os meios de produção estão nas mãos de poucos e a grande parte dos homens está privada deles. Consequentemente, as pessoas que não têm a propriedade dos meios de produção são forçadas a vender sua força de trabalho para aqueles que têm, e esses, em consequência de sua preponderância econômica, os forçam a fazer a troca pelo mínimo necessário para sobreviver, e a trabalhar o tanto quanto suas forças permitirem.[4]

---

4. Williem Bonger, "Criminality and Economic Conditions", in: Francis T. Cullen e Robert Agnew, *Criminological Theory*: Past to Present (Essential Readings), p. 348.

Com a exceção dessa teoria desenvolvida de modo isolado por Bonger no início do século XX, o marxismo surgiu mesmo com maior vigor no contexto da sociologia criminal com a criminologia crítica, a partir dos anos 1960.

A criminologia crítica teve por principais representantes alguns criminólogos que abandonaram a criminologia tradicional do conflito, como os norte-americanos Richard Quinney e Chambliss; na Europa, Alessandro Baratta (Itália), Walton, Taylor e Young (Inglaterra) e Fritz Sack (Alemanha); na América Latina, destacam-se os trabalhos das venezuelanas Lola Aniyar de Castro e Rosa Del Olmo, do argentino Eugenio Raúl Zaffaroni e dos brasileiros Nilo Batista e Juarez Cirino dos Santos.

Surgiu inicialmente com a proposta de explicar o funcionamento do sistema penal com base no sistema capitalista, adotando o paradigma da reação social. Assumiu as premissas de que o direito penal vincula-se de modo inseparável à superestrutura econômica do capitalismo e de que sua finalidade é a manutenção da desigualdade social, que separa o burguês (proprietário dos meios de produção) do proletário (que vende sua força de trabalho em troca do salário). Portanto, todo o aparato estatal de produção e aplicação da norma penal obedece aos ditames dessa finalidade última de manutenção do *status quo* configurado pelo sistema capitalista de produção.

Essa primeira geração de criminólogos críticos, como não podia deixar de ser, defendia, como única alternativa aos problemas criminais, a revolução que pusesse fim ao regime capitalista e sua estrutura de classes[5].

No entanto, a experiência dos regimes totalitários comunistas da União Soviética, das nações do Leste europeu, da Coreia do Norte e de Cuba e sua derrocada espetacular na Europa no final dos anos 1980 fizeram com que alguns autores abandonassem a criminologia crítica e levaram os que nela permaneceram a aprimorar e adaptar seu discurso à realidade do mundo

---

5. Essa é a posição, dentre outros, de Passukanis, Rusche e Kirchheimer, Quinney e Lola Aniyar de Castro.

contemporâneo, no qual a polarização ideológica deixava de ter sentido.

Quinney, na década de 1990, fundou outra escola criminológica, a *peacemaker criminology*. Jock Young e Ian Taylor filiaram-se à corrente do neorrealismo de esquerda, enquanto Baratta adotou um discurso menos agressivo e menos ideológico, com propostas mais realistas do que a revolução socialista, o que se denominou "marxismo aberto".

A criminologia crítica da atualidade teve de alargar seus horizontes. Passou a estudar a criminalidade no contexto do capitalismo globalizado e da relação entre os países desenvolvidos e os países periféricos (que inclui o recente interesse no estudo de uma criminologia especificamente latino-americana). Segundo Carlos Alberto Elbert:

> No século XXI, os criminólogos críticos e radicais buscam individualmente novos caminhos interpretativos críticos marcados, agora, pelas profundas mudanças sociais, políticas e ideológicas introduzidas pelos fenômenos da globalização e suas consequências, sem que, até o momento, se possam ver fortes correntes de pensamento que tenham um valor paradigmático de "escolas" de análise teórica.[6]

A CRIMINOLOGIA CRÍTICA NA AMÉRICA LATINA:
UM DISCURSO MARGINAL

A criminologia crítica desenvolveu-se na América Latina nos anos 1970, principalmente pela influência de Alessandro Baratta, que aqui esteve várias vezes.

Em 1974 foi criado em Maracaibo, Venezuela, o Grupo Latino-Americano de Criminologia Comparada, coordenado por Lola Aniyar de Castro, que contou com a colaboração de Baratta. Esse grupo tinha por proposta a elaboração de um pensamento

---

6. Carlos Alberto Elbert, *Criminologia latino-americana*: teoria e propostas sobre o controle social no terceiro milênio, p. 156.

criminológico original da América Latina, e não mais a simples recepção das teorias norte-americanas e europeias.

A realidade social e a história dos países desse continente têm peculiaridades que precisavam ser consideradas na análise dos fenômenos relacionados à criminalidade. Segundo Zaffaroni:

> Na América Latina, não existe um esforço de racionalização legitimante original do sistema penal, mas copiam-se as racionalizações diretamente elaboradas pelos sistemas centrais, combinando-as de forma desejável. [...]
> Quanto à formação e treinamento dos operadores dos órgãos judiciais, não podem ser negadas uma considerável massificação do ensino, uma redução da bibliografia, uma adestrada incapacidade para vincular fenômenos e, em geral, uma degradação tecnocrática do direito que escassamente supera o nível exegético de preparação de empregados com título. As exceções apenas confirmam a tendência geral.[7]

Fizeram parte do grupo: Roberto Bergalli, Eugenio Raúl Zaffaroni, Ester Kosovski, além do próprio Baratta.

Na Venezuela, embora não vinculada ao grupo, destaca-se o trabalho de Rosa Del Olmo e, no Brasil, os de Roberto Lyra Filho, Nilo Batista, Juarez Cirino dos Santos e Vera Regina Pereira de Andrade.

Apesar de tais autores não constituírem um grupo homogêneo, todos se propõem estudar a criminologia crítica à luz da realidade latino-americana. Neste capítulo, será estudado o realismo marginal, a teoria crítica direcionada à América Latina de Zaffaroni.

A DESCONSTRUÇÃO DO SISTEMA PENAL DE MICHEL FOUCAULT

A desconstrução do discurso oficial do direito penal e a identificação de funções latentes ou reais desse sistema foram o

---

7. Eugenio Raúl Zaffaroni, *Em busca das penas perdidas*: a perda da legitimidade do sistema penal, pp. 132-3.

principal ponto de convergência dos teóricos da criminologia crítica.

O filósofo francês Michel Foucault não é propriamente um criminólogo nem seguidor do marxismo. Ou seja, não se pode dizer que pertence à criminologia crítica. Entretanto, dentre os muitos e variados estudos que realizou, as obras *Vigiar e punir* (1975) e *Microfísica do poder* (1979) destacaram-se no estudo da organização penitenciária, na desconstrução da função ressocializadora da pena de prisão, que representa a pena padrão do direito penal contemporâneo.

Pela forte relação com o objeto de estudo da criminologia crítica, o pensamento de Foucault passou a fazer parte do repertório dos autores críticos.

De fato, os estudos sobre o cárcere realizados por esse filósofo integram uma série de obras de desconstrução das funções da prisão, igualmente abordadas, sob outros aspectos, pela criminologia, que se empenhou na análise empírica e histórica da experiência carcerária em diversos países.

Esses estudos, anteriores ou contemporâneos à obra de Foucault, pretendiam comprovar que as prisões reproduziam a estrutura de classes de uma sociedade desigual, com zonas de desenvolvimento e de marginalização. O *status* de criminoso e a pena eram predominantemente aplicados às classes mais baixas, enquanto os mais ricos e poderosos quase não ingressavam no sistema penal e não eram enviados às prisões (muito embora, como notara Sutherland, tivessem condutas definidas como delitos).

A prisão nunca cumpriu nem tem como realizar suas finalidades de reeducação e reinserção social, que lhe são atribuídas pelo programa penal oficial, representado pelo ordenamento jurídico e pela dogmática jurídica que interpreta os textos normativos e, assim, lhes dá significado. Entretanto, o direito penal, tanto no plano normativo quanto no da dogmática, continua a defender o cárcere como "tratamento", apesar de os efeitos negativos do aprisionamento (principalmente os de índole psicológica) serem tão fortes que impedem o desenvolvimento de qualquer política de reinserção de seus integrantes na sociedade.

Foucault afirma que o fracasso da prisão já era evidente desde o século XIX:

> Desde o começo a prisão devia ser um instrumento tão aperfeiçoado quanto a escola, a caserna ou o hospital, e agir com precisão sobre os indivíduos. O fracasso foi imediato e registrado quase ao mesmo tempo que o próprio projeto. Desde 1820 se constata que a prisão, longe de transformar os criminosos em gente honesta, serve apenas para fabricar novos criminosos ou para afundá-los ainda mais na criminalidade.[8]

Mas, se a prisão é um fracasso tão notório e antigo, alguma razão deve existir para que ela tenha se mantido até os dias de hoje como pena padrão de todo sistema penal; certamente realiza outras funções com sucesso. Essa questão é o ponto de partida da busca das reais funções do sistema penal pelos estudos críticos da prisão.

Antes mesmo do desenvolvimento da criminologia crítica, em 1939, Rusche e Kirchheimer, representantes da primeira geração da Escola de Frankfurt[9], analisaram sob a perspectiva marxista o vínculo existente entre o mercado de trabalho, o sistema punitivo e a prisão, em sua obra *Punição e estrutura social*. Descreveram a origem histórica das prisões e concluíram que a prisão como pena surgiu no sistema capitalista, para su-

---

8. Michel Foucault, *Microfísica do poder*, pp. 131-2.
9. A chamada Escola de Frankfurt pode ser entendida como um rótulo que designa quatro fenômenos: um acontecimento, ou seja, a criação, em 1923, em Frankfurt, do Instituto de Investigação Social (*Institut für Sozialforschung*), por decreto do Ministério da Educação, em parceria com a Sociedade para a Investigação Social (*Gesellschaft für Sozialforschung*), sob a inspiração de pensadores marxistas; um projeto científico denominado "filosofia social"; uma atitude denominada "teoria crítica"; e uma corrente sociológica, contínua e diversa, com ênfase nos estudos sobre a sociedade capitalista, suas desigualdades sociais e a dominação de classes pela comunicação. Atribuem-se, em geral, à Escola de Frankfurt os nomes de Max Horkheimer, Theodor Adorno, Herbert Marcuse, Walter Benjamin e Erich Fromm. Devido à perseguição sofrida durante a Segunda Guerra, o instituto fixou-se em 1941 nos Estados Unidos, ligando-se à Universidade de Colúmbia. Ver Paul-Laurent Assoun.

prir várias necessidades do mercado[10], no decorrer do tempo. Afirma Kirchheimer:

> Todo sistema de produção tende a descobrir formas punitivas que correspondam às suas relações de produção. É, pois, necessário pesquisar a origem e a força dos sistemas penais, o uso e a rejeição de certas punições e a intensidade das práticas penais, uma vez que elas são determinadas por forças sociais, sobretudo pelas forças econômicas e, consequentemente, fiscais.[11]

Outra obra de destaque nos estudos penitenciários da criminologia crítica é *Cárcere e fábrica* (1977), dos italianos Dario Melossi e Massimo Pavarini. Trata-se de uma obra dividida em duas partes: na primeira, Melossi estuda o surgimento da prisão na Europa; e, na segunda, Pavarini analisa a história da prisão nos Estados Unidos. Ambos os escritores seguem a teoria marxista.

Para Melossi e Pavarini, também a instituição penitenciária só poderia ser compreendida à luz do binômio capital e trabalho assalariado. O destacamento de grande número de camponeses para as cidades no período da Revolução Industrial e a não absorção de toda essa mão de obra fizeram surgir uma população de mendigos, desocupados e "vadios". Essa massa, produto de uma deformação estrutural da sociedade capitalista, foi definida no século XIX como "delinquentes voluntários". Criaram-se, então (da Inglaterra para toda a Europa), casas de trabalho (*workhouses*) para recolher e reformar essas pessoas, disciplinando-as para o trabalho assalariado.

As prisões passaram a ser instituições auxiliares à fábrica – assim como a família, a escola, os quartéis, a igreja etc. – e seu papel era o adestramento humano para o trabalho. A fábrica era

---

10. Por exemplo, as casas de correção (*workhouses*), na Inglaterra, que tinham por fim, em um período de escassez de mão de obra, limpar as cidades de vagabundos e mendigos. Essas pessoas, que se encontravam fora do perfil da mão de obra assalariada, eram preparadas por meio da disciplina ou mesmo pela aversão a ter de retornar a tais estabelecimentos para que no futuro ingressassem no mercado de trabalho espontaneamente.
11. Georg Rusche e Otto Kirchheimer, *Punição e estrutura social*, p. 20.

a estrutura de produção; o cárcere, a estrutura de controle. Assim, formava-se todo um sistema de controle da força de trabalho: enquanto o indivíduo está na fábrica, é vigiado pelo empresário; fora da fábrica, é vigiado pelas instituições de controle: família, igreja, escola e, principalmente, prisão. Afirma Pavarini:

> O momento disciplinar na relação de trabalho coincide com o momento institucional. Em outras palavras, o "ingresso" do prestador de trabalho (contratante) na fábrica, no lugar onde aquele outro oferece trabalho (outro contratante), coativamente organiza os fatores de produção. O mesmo se dá na relação punitiva: o condenado (sujeito livre) torna-se sujeito subordinado (preso) quando "ingressa" na instituição penitenciária.
> E finalmente: a "fábrica é para o operário como um cárcere" (perda da liberdade e subordinação); o "cárcere é para o interno como uma fábrica" (trabalho e disciplina).
> O significado ideológico desta complexa realidade se resume na tentativa de racionalizar, ainda que enquanto projeto, uma dupla analogia: os internos devem ser trabalhadores e os trabalhadores devem ser internos.[12]

Foi, entretanto, com as obras *Vigiar e punir* (1975) e *Microfísica do poder* (1979), de Michel Foucault, que a desconstrução do sistema penal vinculou a prisão (e o direito penal) a uma simples técnica de exercício do poder sobre os indivíduos.

Para o filósofo, a adoção da pena de prisão como parâmetro de sanção penal nos séculos XIX e XX se deve à evolução de um modelo de controle e vigilância individual de seres humanos desenvolvido nesse período em instituições como o exército, a escola, o hospital, o manicômio[13]. O sistema penal seleciona determinadas ilegalidades e as mantém sob seu controle.

---

12. Dario Melossi e Massimo Pavarini, *Cárcere e fábrica*: as origens do sistema penitenciário (séculos XVI-XIX), pp. 265-6.
13. Tal controle se resume a três métodos: a) a vigilância hierárquica: submete todos os indivíduos a um controle contínuo ou ao menos à consciência de estarem sendo vigiados (representado pelo panóptico); b) a sanção normalizadora: um sistema difuso de micropenalidades em instituições coletivas, pelo qual a indisciplina é punida e a docilidade é recompensada; c) o exame: estabelece sobre os indivíduos uma visibilidade pela qual eles são diferenciados, qualificados e classificados.

Se tal é a situação, a prisão, ao aparentemente "fracassar", não erra seu objetivo; ao contrário, ela o atinge na medida em que suscita no meio das outras uma forma particular de ilegalidade, que ela permite separar, pôr em plena luz e organizar como um meio relativamente fechado, mas penetrável. Ela contribui para estabelecer uma ilegalidade, visível, marcada, irredutível a um certo nível e secretamente útil – rebelde e dócil ao mesmo tempo; ela desenha, isola e sublinha uma forma de ilegalidade que parece resumir simbolicamente todas as outras, mas permite deixar na sombra as que se quer ou se deve tolerar. Essa forma é a delinquência propriamente dita.

[...]

Não há uma justiça penal destinada a punir todas as práticas ilegais e que, para isso, utilizasse a polícia como auxiliar, e a prisão como instrumento punitivo, podendo deixar no rastro de sua ação o resíduo inassimilável da "delinquência". Deve-se ver nessa justiça um instrumento para o controle diferencial das ilegalidades.[14]

A essa técnica do exercício do poder detalhado e minucioso do corpo (seus gestos, atitudes, comportamentos, hábitos e discursos) Foucault denominou "microfísica do poder". E tal técnica se fortaleceu como instrumento de exercício do poder e dominação devido a uma série de fatores que a tornaram a forma mais econômica de exercer o poder, ou seja, o controle mais amplo com o mínimo de desgaste do controlador.

A esse respeito, Foucault comenta a reforma que pôs fim às penas cruéis do Antigo Regime e instituiu a adoção da prisão:

A má economia do poder e não tanto a crueldade é o que ressalta da crítica dos reformadores. [...]

O verdadeiro objetivo da reforma, e isso desde suas formulações mais gerais, não é tanto fundar um novo direito de punir a partir de princípios mais equitativos, mas estabelecer uma nova "economia" do poder de castigar, assegurar uma melhor distribuição dele, fazer com que não fique concentrado demais em alguns pontos privilegiados, nem partilhado demais entre instân-

---

14. Michel Foucault, *Vigiar e punir*: a história da violência nas prisões, pp. 230 e 234.

cias que se opõem; que seja repartido em circuitos homogêneos que possam ser exercidos em toda parte, de maneira contínua e até o mais fino grão do corpo social.[15]

Após examinar a prisão como uma peça em um mecanismo de exercício do poder, de forma econômica, por meio da disciplina, para "administrar" determinadas ilegalidades, resta revelar quais são as ilegalidades selecionadas pelo sistema penal e quais são os indivíduos que a prisão e demais instituições de controle (quartel, hospital, oficina, escola) pretendem vigiar.

Nesse ponto, Foucault entra em acordo com o demais criminólogos críticos. O sistema de vigilância e controle é exercido sobre as classes inferiores, os indivíduos marginalizados da sociedade. Trata-se de um grupo restrito de indivíduos, que se pretende tornar seres dóceis e obedientes. Isso impede que esses indivíduos (em grande número) se organizem e futuramente ameacem o poder. A criminalidade controlada não se propaga. A vigilância torna essas pessoas menos perigosas, pois as mantém em uma criminalidade restrita. Elas praticarão sempre os mesmos delitos, os quais, embora sejam graves e violentos, não ameaçam o poder.

> É possível além disso orientar essa delinquência fechada em si mesma para as formas de ilegalidade que são menos perigosas: mantidos pela pressão dos controles nos limites da sociedade, reduzidos a precárias condições de existência, sem ligação com uma população que poderia sustentá-los, os delinquentes se atiram fatalmente a uma criminalidade localizada, sem poder de atração, politicamente sem perigo e economicamente sem consequência. Mas essa ilegalidade concentrada, controlada e desarmada é diretamente útil. Eis o que pode ser em relação a outras ilegalidades: isolada e junto a elas, voltada para suas próprias organizações internas, fadada a uma criminalidade violenta cujas primeiras vítimas são muitas vezes as classes pobres, acoçada de

---

15. Ibid., pp. 68-9.

todos os lados pela polícia, exposta a longas penas de prisão, depois de uma vida definitivamente "especializada".[16]

Portanto, a criminalidade do colarinho branco, como ilegalidades típicas de classes que detêm o poder, não é em regra objeto de controle penal. São práticas difundidas e que visam a manter o *status quo* social. Trata-se de parte dessa economia racional do poder, o qual, quando ataca a si mesmo, se enfraquece e facilita mudanças. A falta de controle dos crimes das altas classes é a outra face da intensa vigilância das classes mais baixas.

Essa realidade não passou despercebida para Foucault:

> Mas essa criminalidade de necessidade ou de repressão mascara com o brilho que lhe é dado e a desconsideração de que é cercada outra criminalidade que é às vezes causa dela, e sempre a amplificação. É a delinquência de crime, exemplo escandaloso, fonte de miséria e principio de revolta para os pobres.
>
> [...] Ora, essa delinquência própria à riqueza é tolerada pelas leis, e, quando lhe acontece cair em seus domínios, ela está segura da indulgência dos tribunais e da discrição da imprensa.[17]

Desse modo, para Foucault, não existe um conceito ontológico de crime, mas sim um confronto de forças que, de acordo com a classe e a origem dos indivíduos, os leva ao poder ou à prisão. O jornal *La Phalange*, publicado no início do século XIX, com ideais revolucionários, lançou certa vez, em 1834, a seguinte suposição: "pobres, os magistrados de hoje sem dúvida povoariam os campos de trabalhos forçados; e os forçados, se fossem bem-nascidos, tomariam assento nos tribunais e aí distribuiriam justiça"[18].

Esses estudos penitenciários, portanto, representados pelos autores mencionados, desmistificaram a função de reeduca-

---

16. Ibid., p. 231.
17. Ibid., p. 239.
18. Ibid., p. 240.

ção e reinserção do preso supostamente exercida pelo cárcere. E foram além: associaram aspectos sociais e econômicos à realidade carcerária; viram a ideologia do cárcere como um depósito de marginalizados, a última etapa de um processo de exclusão pelo qual passa o indivíduo, composto de todas as demais instituições responsáveis pela socialização: a família, a escola, os reformatórios, a igreja. Em vez de socializar, o funcionamento deformado dessas instituições acaba mesmo por criar o indivíduo desviante.

A DESCONSTRUÇÃO DO SISTEMA PENAL DE ALESSANDRO BARATTA

O criminólogo italiano Alessandro Baratta, que foi diretor do Institut für Rechtstund Sozialphilosophie da Universidade de Saarland, na Alemanha, desenvolveu ampla produção científica na área da criminologia crítica. Devido a suas diversas visitas à América Latina, exerceu grande influência no desenvolvimento da criminologia entre nós.

A deslegitimação do sistema penal realizada por Baratta parte de um conjunto de princípios que constitui o discurso oficial do direito penal da modernidade. A desconstrução de cada um desses princípios, segundo o autor, foi realizada no decorrer da evolução histórica das teorias criminológicas. São estes os princípios:

a) **Princípio do bem e do mal.** O delito é um dano para a sociedade. O delinquente é um elemento negativo e disfuncional do sistema social. O comportamento criminoso desviado é o mal, a sociedade é o bem.
b) **Princípio da culpabilidade.** O delito é a expressão de uma atitude interior reprovável, porque o autor atua conscientemente contra os valores e as normas que estão dadas na sociedade ainda antes de serem editadas pelo legislador.
c) **Princípio da legitimidade.** O Estado, como expressão da sociedade, está legitimado para reprimir a criminalidade, da qual

são responsáveis determinados indivíduos. A repressão se dá por meio de instâncias oficiais de controle social (legislação, polícia, magistratura, instituições penitenciárias). Todas elas representam a reação legítima da sociedade, dirigida tanto à reprovação e condenação do comportamento desviante individual como à afirmação dos valores e normas sociais.

d) **Princípio da igualdade.** O direito penal é igual para todos. A reação penal se aplica de igual maneira a todos os autores de delitos. A criminalidade significa a violação do direito penal e, como tal, é o comportamento de uma minoria desviada.

e) **Princípio do interesse social e do delito natural.** No núcleo central das leis penais dos Estados civilizados se encontra a ofensa a interesses fundamentais para a existência de toda a sociedade (delitos naturais). Os interesses que o direito penal protege são interesses comuns a todos os cidadãos. Somente uma pequena parte dos delitos representa violações das ordens política e econômica e resulta sancionada em função da consolidação dessas estruturas (delitos artificiais).

f) **Princípio do fim ou da prevenção.** A pena não tem (ou não tem unicamente) a função de retribuir o delito, mas também a função de preveni-lo. Como sanção abstratamente prevista pela lei, tem a função de criar uma justa e adequada contramotivação ao comportamento criminoso. Como sanção concreta tem como função a ressocialização do delinquente.[19] (Grifos do original.)

Para Baratta, o princípio do bem e do mal foi afastado com a sociologia de Durkheim e o funcionalismo de Merton, pois, como foi visto no capítulo 3, ambos assumem o crime como um fato normal ao funcionamento da sociedade, algo que faz parte dela e que pode ser útil para seu equilíbrio (ao reforçar o sentimento coletivo da sociedade) e para sua evolução (ao permitir a reflexão sobre novos comportamentos). Apenas em determinada proporção, denominada anomia, o crime representa um fato nocivo ao desenvolvimento social.

---

19. Alessandro Baratta, in: Santiago Mir Puig, *Política criminal y reforma del derecho penal*, pp. 30-1.

O princípio da culpabilidade foi negado pela teoria microssociológica das subculturas criminais, cujo principal representante é o sociólogo norte-americano Albert Cohen. Para tal teoria, os indivíduos que vivem em condições socioeconômicas degradadas e não conseguem oportunidades dentro da sociedade costumam integrar grupos ou subculturas em que vigoram códigos e modelos de comportamentos diferentes do oficial. Tais valores são transmitidos pelos indivíduos que vivem nesses ambientes. Essas pessoas nem sempre podem escolher os valores aos quais aderem. São as próprias condições sociais que fazem com que pertençam a determinados subgrupos ou subculturas, gerando um impulso determinista. Sua conduta não é fruto de livre decisão, mas da interiorização de valores, normas e modelos de comportamentos comuns e aceitos em sua comunidade, mesmo que sejam ilícitos para a lei.

O princípio da legitimidade foi superado pela psiquiatria freudiana, presente principalmente na obra *Totem e tabu* (1913). A psicanálise mostra que os membros da sociedade, na verdade, ainda que de forma inconsciente, desejam imitar aquele que violou o tabu[20], mas reprimem tais instintos. Assim afirmava Freud:

> A multiplicidade das manifestações do tabu, que levaram às tentativas de classificação que já tive ocasião de mencionar, ficam reduzidas pela nossa tese a uma única unidade: a base do tabu é uma ação proibida, para cuja realização existe forte inclinação do inconsciente.
> [...]
> Se a violação de um tabu pode ser corrigida por reparação ou expiação, que envolvem a renúncia a algum bem ou alguma liberdade, isso prova que a obediência à injunção do tabu significava em si mesma a renúncia a algo desejável.[21]

---

20. Palavra de origem polinésia de difícil tradução. Trata-se de uma espécie de proibição de natureza sagrada, misteriosa ou divina cuja violação gera graves e nocivos efeitos a toda a comunidade. O medo de sofrer tais efeitos levou várias sociedades a punirem o violador do tabu antes do castigo divino.
21. Sigmund Freud, *Totem e tabu*, pp. 41 e 43.

Os membros da sociedade, portanto, desejam praticar o crime. A pena satisfaz a necessidade de punição da sociedade, por meio de sua identificação inconsciente como delinquente.

O princípio da igualdade foi contestado pelo *labeling approach*, que afirmou que a criminalidade não é o comportamento de uma minoria de pessoas, mas de quase todos os cidadãos, porém é uma definição conferida a determinados indivíduos pelos órgãos de reação social, operando de forma seletiva. A existência da cifra negra também revela que há certas condutas e pessoas que não são objeto do processo criminal, não integram as estatísticas dos tribunais e da polícia, embora realizem comportamentos descritos na lei como crimes. Essa diferença de reação do sistema criminal não se baseia na gravidade social das condutas, mas em outros fatores, de caráter predominantemente político e social.

Ao princípio do interesse geral e do delito natural contrapõe-se a criminologia do conflito. Ao afirmar que não há um consenso a respeito de valores na sociedade e que os bens jurídicos protegidos pela legislação representam os interesses de grupos com maior influência política, a teoria está negando a existência de um conceito ontológico ou absoluto de delito. Na realidade, o interesse comum é uma ficção legitimante do exercício do poder político.

O princípio do fim ou da prevenção foi combatido pelos estudos penitenciários expostos no item anterior. Além disso, quando se reconhece a existência do desvio primário e secundário, afirma-se, de fato, haver uma espécie de delito que é praticamente fruto da estigmatização do indivíduo, consequência da condenação penal. O encarceramento e as condições de violência das prisões impedem a ressocialização. E o caráter preventivo da lei penal também é questionado diante de sua alta ineficiência. Enfim, é mais a pertinência a um estereótipo de criminoso que aumenta as possibilidades de ser absorvido pelo sistema penal do que a prática de uma conduta delituosa propriamente dita.

Dessa forma, Baratta chega à conclusão de que o direito penal não realiza as funções previstas pelo seu programa oficial nem age conforme seus princípios. Exerce, na prática, funções diversas daquelas que se propõe.

A DESCONSTRUÇÃO DO SISTEMA PENAL DE ZAFFARONI

O penalista e criminólogo argentino Eugenio Raúl Zaffaroni, ministro da Suprema Corte de seu país, propõe-se analisar o sistema penal a partir de uma perspectiva que considere as origens, as peculiaridades e a realidade da América Latina. Para ele, basta uma simples comparação com a realidade para se perceber que o discurso jurídico-penal não passa de uma ficção, uma proposta irrealizável.

> Na criminologia de nossos dias, tornou-se comum a descrição da operacionalidade real dos sistemas penais em termos que nada têm a ver com a forma pela qual os discursos jurídicos-penais supõem que eles atuem. Em outros termos, a programação normativa baseia-se em uma "realidade" que não existe e o conjunto de órgãos que deveria levar a termo essa programação atua de forma completamente diferente.[22]

Zaffaroni afirma que o sistema penal é altamente ineficiente, pois apenas consegue responder a uma minoria das condutas criminosas ocorridas na sociedade. Ou seja, é um sistema seletivo, violento e reprodutor da delinquência. Entretanto, tal ineficiência não é conjuntural, mas estrutural. Não se trata de uma crise. Ou seja, é uma característica intrínseca de qualquer sistema penal.

Embora nos países desenvolvidos seja necessária a elaboração de estatísticas para comprovar esse modo de operar do sistema penal, nos países da América Latina essa realidade é evidente, notória, inegável. Segundo Zaffaroni, basta uma observação superficial para se constatar que em nossos sistemas penais vigora a violência, a tortura, a corrupção, a seletividade política.

---

22. Eugenio Raúl Zaffaroni, op. cit., p. 12.

Com o aparecimento da criminologia da reação social na América Latina, manifestou-se – com maior evidência do que nos países centrais, em razão da violência operativa mais forte ou menos sutil de nossos sistemas penais marginais – a falsidade do discurso jurídico-penal. Por outro lado – e talvez esta tenha sido sua contribuição mais importante – esta criminologia neutralizou por completo a ilusão do suposto defeito conjuntural, superável, num nebuloso futuro.[23]

Em nosso continente, portanto, a deslegitimação do sistema penal se dá pelos próprios fatos, não necessita sequer de uma teoria. Para Zaffaroni, o mais evidente dos fatos é a morte. O sistema penal latino-americano gera muitas mortes, talvez em maior número do que as geradas fora dele. Além disso, vive-se em uma realidade de altas taxas de aborto, mortes por desnutrição, mortes violentas em comunidades deterioradas, mortes nas prisões, realização de "justiça pelas próprias mãos" e mortes políticas (quase todos esses países passaram por violentas ditaduras).

Afora essa crua deslegitimação fática do sistema penal latino-americano, Zaffaroni reconhece o *labeling approach,* o marxismo e as análises de Baratta e de Foucault como principais teorias de deslegitimação desenvolvidas pelos países centrais

O *labeling approach,* para ele, representa a mais forte fonte de deslegitimação, pois, ao descrever a criminalidade como produto de uma rotulação por parte dos órgãos de reação social, pôs fim à criminologia etiológica e trouxe o sistema penal para dentro da criminologia. O sistema penal é que seleciona condutas e as define como crimes. Esse foi, para Zaffaroni, o momento da politização e do reconhecimento da realidade como elemento inseparável da compreensão da gênese do crime.

O marxismo, segundo Zaffaroni, compreende uma série de releituras das obras de Marx, da quais se destacam Quinney, a Escola de Frankfurt, Pavarini e Pasukanis. Em síntese, os auto-

---

23. Ibid., p. 35.

res marxistas realizam uma análise histórica da sociedade e uma superestrutura ideológica, uma forma jurídica gerada pelas relações de trabalho da sociedade capitalista.

As análises de Baratta e Foucault foram descritas nas seções anteriores.

Com base em todos esses elementos, Zaffaroni considera insustentável o atual discurso do direito penal.

BASES DA RECONSTRUÇÃO DA CRIMINOLOGIA SOB A PERSPECTIVA CRÍTICA

Se o discurso da criminologia crítica contém fortes argumentos de deslegitimação do sistema penal, o mesmo não ocorre com as propostas para a reconstrução desse sistema ou sua substituição. As diversas alternativas surgidas ainda não conseguiram alcançar um consenso entre os criminólogos. Talvez porque ainda seja necessário consolidar a deslegitimação para abrir um amplo debate em torno das soluções para esse sistema penal violento, seletivo e desigual.

A proposta teórica consiste na própria reconstrução da criminologia como ciência, com base no paradigma da reação social, tendo no centro de seus estudos a estrutura do poder vigente na sociedade. O estudo da criminalidade deve ser realizado dentro de um universo mais amplo, que vai da formação do homem (provida pelas instituições da família, escola, igreja, universidade etc.) à própria formação do senso comum dentro da sociedade (na qual há influência determinante dos meios de comunicação).

Sob a perspectiva da política criminal, a mudança mais ampla que a criminologia crítica propõe é uma tarefa complexa, pois seu desenvolvimento como teoria é ainda recente (menos de quarenta anos) e está em construção, se comparada com a longa existência de mais de um século das teorias positivistas--etiológicas. As propostas, ainda em debate, são variadas.

Apenas para ilustrar essa diversidade de ideias, seguem-se as sugestões dos autores examinados nos itens anteriores.

Foucault não propõe nenhuma saída para o problema penitenciário. Por não ser criminólogo, não se concentrou na solução para o sistema penal, mas em descrevê-lo como um mecanismo de atuação eficiente do poder no gerenciamento e controle de uma população potencialmente perigosa. Na verdade, para ele, tanto a justiça quanto a prisão só se prestam a essa função. Ou seja, se for desenvolvida uma forma mais econômica de exercer o controle sobre os corpos e as mentes de indivíduos indesejáveis, de nada mais servirá o sistema penal. Ademais, para Foucault, a prisão não é o único mecanismo de controle de pessoas, mas a última etapa de uma forma individualizada de vigilância que começa pelas escolas, famílias, quartéis, manicômios, instituições de recolhimento de menores infratores etc. Consequentemente, para ele não se muda uma peça de um sistema sem mudar toda a estrutura.

> A prisão não é filha das leis nem dos códigos, nem do aparelho judiciário; a prisão não está subordinada a um tribunal como instrumento dócil e inadequado das sentenças que aquele exara e dos defeitos que queria obter. Na posição que ela ocupa, ela não está sozinha, mas ligada a toda uma série de outros dispositivos "carcerários", aparentemente bem diversos – pois se destinam a aliviar, a curar, a socorrer – mas que tendem todos como ela a exercer um poder de normalização. [...] O que preside a todos esses mecanismos não é o funcionamento unitário de um aparelho ou de uma instituição, mas a necessidade de um combate e as regras de uma estratégia.[24]

Alessandro Baratta, como Foucault, não consegue deixar de considerar o sistema penal como uma etapa de um processo de controle que tem início na escola, na família, nos institutos de correção, nos hospitais psiquiátricos etc.

Para o autor, a seletividade do direito penal está relacionada à formação econômica da sociedade contemporânea. Ou seja, têm maior chance de serem selecionados pelo sistema pe-

---

24. Michel Foucault, *Vigiar e punir*: história da violência nas prisões, p. 254.

nal os membros das classes sociais mais baixas. Portanto, o sistema penal tem a função de reproduzir as relações de desigualdade social, mantendo o *status quo* do poder.

Por atração do que se verifica no sistema penitenciário, como se vê, todo o sistema penal tende a intervir como subsistema específico no universo dos processos de socialização e educação que o Estado e os outros aparelhos ideológicos institucionalizam em uma rede cada vez mais capilar. [...]

A complementaridade das funções exercidas pelo sistema escolar e pelo penal responde à exigência de reproduzir e de assegurar as relações sociais existentes, isto é, de conservar a realidade social.[25]

Feitas essas considerações, são apresentadas a seguir as principais propostas da política criminal da criminologia crítica, segundo Baratta[26]:

a) Busca da interpretação do desvio, do ponto de vista das classes subalternas
É comum que os operadores do sistema penal interpretem com base em seus valores as condutas de indivíduos oriundos de camadas marginalizadas da sociedade. É preciso contextualizar tais comportamentos, analisar as condições de vida do indivíduo selecionado, observar como foi sua formação, qual sua realidade, sua rotina, sua família, seu trabalho. Deve-se verificar como funcionaram os mecanismos de controle informal e formal prévios ao direito penal em relação a tal indivíduo até aquele momento. Não é possível simplesmente considerá-lo uma aberração, uma anormalidade.

De outro lado, é preciso também encarar o desvio das classes superiores (criminalidade econômica, política e do colarinho branco em geral) à luz das reais motivações de seus autores, ou seja, a acumulação de capital e a manutenção de seu *sta-*

---

25. Alessandro Baratta, op. cit., pp. 170 e 172.
26. Ibid., p. 200.

tus social. Deve-se também examinar tais desvios dentro de um contexto econômico-social, deixando-se de lado as metarregras pelas quais tais indivíduos não são identificados com o estereótipo de criminosos nem tratados como tal.

É preciso, em síntese, analisar o problema do desvio dentro de um processo produtivo social, afastando-se, na medida do possível, do senso comum (preconceitos e estereótipos) presente na subjetividade de cada agente do sistema penal. É a missão de uma interpretação que busque superar a projeção da desigualdade estrutural existente na sociedade capitalista.

b) *Revisão dos bens jurídicos protegidos pelo direito penal*

Embora reconheça que não existe o crime natural, a criminologia crítica entende possível uma análise objetiva dos valores e bens protegidos pelo direito penal (áreas de negatividade social) e sua hierarquização com base em critérios da classe subalterna.

Assim, situações como a saúde, a segurança no trabalho, o meio ambiente, o sistema econômico-financeiro e outras protetoras de interesses coletivos deveriam ter sua tutela penal reforçada, ao lado das situações protetoras de direitos fundamentais. Quanto aos crimes de menor potencial ofensivo ou de natureza meramente patrimonial, a criminologia crítica entende que são problemas que poderiam ser solucionados fora do campo do direito penal, com meios menos rigorosos e mais eficazes.

O sistema punitivo deve ser contraído ao máximo, por meio de uma descriminalização ampla, com a eliminação de tipos penais ociosos e desnecessários. Tal medida não significa legalizar todas essas situações retiradas do direito penal, mas simplesmente substituir a forma de seu controle por uma forma menos estigmatizante e até mesmo que privilegie a socialização, nas situações em que isso seja possível.

c) *Redução da utilização do cárcere como pena*

Após a afirmação das reais funções da prisão e da constatação de seu fracasso como meio de controle da criminalidade e de ressocialização dos réus, sem falar na marginalização que gera, a criminologia crítica defende o fim da prisão como meta e sua redução como medida de política criminal.

Assim, deve-se privilegiar o uso de medidas alternativas, ampliar as formas de suspensão da pena, da liberdade condicional, da progressão de regime. Também se devem buscar meios de integrar a prisão à sociedade, às entidades assistenciais, às próprias indústrias e às entidades de ensino, pois só dessa maneira se pode almejar de alguma forma reinserir o recluso na sociedade e diminuir um pouco seu estigma após o seu retorno à liberdade.

d) Mudança da opinião pública e processos ideológicos e psicológicos que legitimam e sustentam o direito penal desigual vigente

Essa meta é bastante ambiciosa, mas essencial ao funcionamento de todas as anteriores. O senso comum vigente na sociedade atual vê o criminoso como um mal (anormal) e a sociedade como um bem. A resposta a seu desvio deve ser a pena, e, quanto mais grave ela for, mais segura estará a sociedade. Só que essa lógica não tem mostrado nenhuma eficácia na alteração da realidade vigente. É preciso alterar a perspectiva, de forma ampla, pela qual se encara o fenômeno criminal.

A opinião pública é portadora da ideologia dominante, que legitima o sistema penal. É na opinião pública, principalmente pelo efeito da mídia, que se forma a imagem da criminalidade, os estereótipos, o medo. Esses pensamentos são manipulados pelas classes superiores que detêm o poder sobre os meios de comunicação e impedem que se forme uma consciência negativa sobre seus próprios desvios.

Sobre o papel da mídia nessa mudança ideológica, conclui Baratta:

> Se se pensa na importância destes mecanismos, operantes dentro da opinião pública, para a legitimação do sistema penal e a produção dos seus efeitos diretos e indiretos, e se observa, ainda, o quanto a classe operária, no que se refere à representação da criminalidade e do sistema penal, é subordinada a uma ideo-

logia que corresponde aos interesses das classes dominantes, se compreenderá quão essencial é, para uma política criminal alternativa, a batalha cultural e ideológica para o desenvolvimento de uma consciência alternativa no campo do desvio e da criminalidade. Trata-se, também, neste terreno como em tantos outros, de reverter as relações de hegemonia cultural, com um decidido trabalho de crítica ideológica, de produção científica, de informação.[27]

Eugenio Raúl Zaffaroni, dentro de sua perspectiva da criminologia no âmbito da América Latina, também faz algumas considerações sobre o sistema penal deslegitimado. Para ele, o realismo marginal pode revelar com mais nitidez as características do sistema penal, pois na América Latina, devido ao maior nível de violência, essas características são mais evidentes, além de mostrar as particularidades do exercício do poder central na região marginal.

Os principais pontos da política criminal de Zaffaroni são:

a) Intervenção mínima

A diminuição da intervenção deve ser alcançada a partir da descriminalização e do princípio da oportunidade da ação penal. Entretanto, para o autor, o mais importante é que a renúncia à intervenção penal não se dê em favor de outras agências que atuem da mesma forma, ou seja, que usem o modelo de conteúdo punitivo (adotado em escolas, exércitos, instituições para menores, hospitais psiquiátricos). Deve-se buscar um modelo diferente de solução de conflitos, de natureza reparatória, conciliatória, ou simplesmente deixá-los à mercê de instâncias informais.

b) Atuação nas fábricas reprodutoras de ideologia

É necessário difundir um discurso diferente e não violento nas universidades, e principalmente na mídia. Segundo Zaffaroni, a mídia é uma das grandes responsáveis por difundir mensagens de violência que têm alimentado os discursos da lei e da

---

27. Alessandro Baratta, op. cit., p. 205.

ordem. Primeiro, devem-se privilegiar produções locais e de material de diversão menos violentas. E, então, devem-se evitar programas que explorem a violência, o sofrimento das vítimas, a incitação de brigas entre vizinhos, comentários que incitem respostas agressivas, uso de armas, exibição de cadáveres etc.

c) Atuação efetiva da justiça para reduzir as desigualdades

Embora tenha poder de seleção apenas secundário, a justiça penal pode atuar com vistas a limitar a violência implícita no próprio sistema penal e corrigir distorções causadas pela seleção primária. Para isso, deve empregar de forma rígida a teoria do crime e os princípios penais de proteção da dignidade dos acusados, tais como os princípios da reserva legal (com a máxima taxatividade), da irretroatividade, da lesividade, da proporcionalidade da pena (que a pena, sempre irracional, não ultrapasse os limites do tolerável), da humanidade.

CRÍTICAS

As principais críticas à nova criminologia baseiam-se principalmente no seu total abandono da perspectiva etiológica, deixando de lado todas as suas descobertas feitas até a atualidade, e no seu caráter reformista radical, que não vê solução para o problema da criminalidade sem alterações nas estruturas da sociedade. Essas críticas podem ser divididas como se segue.

a) Abandono total das pesquisas etiológicas e dos métodos estatísticos

A criminologia crítica adota o paradigma da reação social e tem o crime como uma realidade construída. Tal visão do fenômeno transfere integralmente a análise do crime para o funcionamento do sistema penal, retirando do fato e de seu autor a importância científica que tinha até então.

Muito embora exista a cifra negra e as estatísticas revelem apenas uma pequena parte dos fatos criminosos cometidos na sociedade, não se pode negar a validade dos estudos etiológicos, sobretudo quando há fatos objetivos, evidentes, como os homicídios ou os sequestros. As estatísticas dessas espécies de crimes e as pesquisas de caráter etiológico a respeito desses fatos e seus autores podem apresentar relevância ao conhecimento do fenômeno criminal. Também os trabalhos desenvolvidos pela psiquiatria e pela psicologia a respeito dos criminosos (definidos pelo sistema) podem fornecer importantes contribuições à criminologia.

Afinal, os desvios (tanto os cometidos por classes subalternas como por classes dominantes) são atitudes contrárias a normas e, mesmo não constituindo uma classe homogênea de ações, há de se considerar que alguns indivíduos cumprem as leis e outros não – mesmo que submetidos às mesmas condições sociais. E esse fato, quase impossível de ser negado, só pode ser compreendido a partir de uma análise psicológica (ou microssociológica) e, portanto, individual – apesar de todas as limitações de sua metodologia.

O fato de o direito penal mostrar-se ineficiente por definição e de ser, portanto, impossível alcançar a totalidade das condutas tipificadas como crime cometidas na sociedade, não importa no abandono de todo e qualquer estudo realizado à luz das estatística, ou sobre pessoas que foram efetivamente objeto de definição pelo sistema penal. O que é importante ressaltar é que se deve ter a consciência de que esses fatos não podem ser generalizados a ponto de produzir uma teoria geral de toda a criminalidade, pois sua amostra é insuficiente e desigual.

b) Necessidade de alterações estruturais na sociedade e no sistema penal para obter resultados no âmbito criminal

A criminologia crítica vê o fenômeno criminal como um instrumento de manutenção da estrutura econômica e da desigualdade social que ela produz. Essa constatação fez com que a primeira geração de criminólogos radicais pregasse o fim do regime capitalista como a única forma de superar o problema da criminalidade. Construíram uma visão ideal do regime do socialismo, em que não haveria diferença entre as classes e, portanto, não existiria criminalidade.

Ocorre que, com o fim dos regimes socialistas da União Soviética e do Leste europeu e com a adoção do capitalismo como base da economia globalizada, ficou muito difícil, quando não meramente ideológico, pregar a troca do regime capitalista pelo socialista. Mesmo porque a experiência do socialismo, na maioria desses países, se deu de forma autoritária (sem regimes democráticos e com limitação de diversos direitos fundamentais), e a diferença de classes, embora tenha assumido outra forma, permaneceu. O crime também não desapareceu, embora até hoje não haja estatísticas precisas desse período, exatamente pela falta de transparência e de liberdade nos regimes socialistas do século XX.

Dessa forma, o discurso da adoção do regime socialista certamente teria pouca adesão política – e não encontraria condições objetivas de realização – no mundo atual. Hoje, a criminologia crítica praticamente enfrenta o dilema de se é possível tornar o sistema capitalista menos desigual, amenizar suas consequências sociais e a forma como suas instituições definem a criminalidade e assim produzir uma política criminal mais realista, ou se permanece com o discurso de total descrença em qualquer solução do problema da criminalidade enquanto existir o sistema capitalista (o que torna a adoção do socialismo o pressuposto de qualquer êxito das medidas de política criminal). Esse permanece ainda o maior desafio da criminologia crítica na atualidade.

CRIMES DO COLARINHO BRANCO

A criminologia crítica foi a primeira teoria macrossociológica a ocupar-se especificamente dos crimes do colarinho branco. Primeiro, porque constituem crimes de real lesividade social; segundo, porque são delitos cometidos por membros das classes dominantes, cuja impunidade confirma as premissas teóricas desenvolvidas pela criminologia crítica.

Lola Aniyar de Castro tenta fazer uma aproximação desses danos, que em geral são sentidos de forma difusa, com a população das classes subalternas, com menos poder político:

Já se afirmou que o custo do crime do "colarinho branco" é muito maior do que o de todos os furtos, roubos e assaltos do país.

Podemos classificar estes custos em três categorias: o custo individual: aí estão incluídos os gastos a serem feitos para a restituição da saúde, quando esta é lesada (tanto para a aquisição de remédios, como para o pagamento do médico e compra de alimentos); o dano econômico: o dano causado às condições de vida, os gastos a serem feitos para as reparações (no caso de artigos adquiridos em más condições) etc. O custo social: que se produziria com delitos como a evasão de impostos, a ruína de pequenos comerciantes, a elevação do custo de vida etc. E, por último, o custo moral, que é muito importante, porque os grandes empresários, que são os que cometem estes delitos, são geralmente líderes da comunidade, espelho e exemplo do povo, grandes defensores de um equipamento social para a prevenção da delinquência juvenil e geral, ou exercem outras atividades similares.[28]

Quanto à reação social aos comportamentos definidos como crimes do colarinho branco, constata-se (como fez Sutherland) que eles não são objeto de persecução penal, não são absorvidos pelo sistema penal. Mas, se tais condutas são tão lesivas à sociedade de forma geral, por que não são, em regra, definidas como crime pelos órgãos de persecução?

É na resposta a essa pergunta que a criminologia crítica deslegitima o discurso oficial: porque o direito penal não é igual, não é neutro, não visa punir aqueles indivíduos "anormais" que não se adaptaram aos valores sociais estabelecidos por um consenso amplo e geral.

Na verdade, o direito penal é um instrumento que almeja manter o *status quo* social, com sua desigualdade. Ele necessariamente deve selecionar as condutas sobre as quais vai incidir, já que é impossível responder a todos os comportamento típicos que ocorrem na sociedade.

E, como bem descreveu Foucault, o direito penal seleciona algumas ilegalidades para exercer sobre seus autores o controle

---

28. Lola Aniyar de Castro, *Criminologia da reação social*, p. 83.

e a vigilância. Dado que ele é controlado pelo poder, tais condutas são necessariamente as condutas das classes mais baixas, numerosas e compostas de indivíduos que, organizados, poderiam colocar em risco a atual configuração do poder.

> A partir do momento em que a capitalização pôs nas mãos da classe popular uma riqueza investida em matérias-primas, máquinas e instrumentos, foi absolutamente necessário proteger esta riqueza. Já que a sociedade industrial exige que a riqueza esteja diretamente nas mãos não daqueles que a possuem mas daqueles que permitem a extração do lucro fazendo-a trabalhar, como proteger esta riqueza? Evidentemente por uma moral rigorosa: daí esta formidável ofensiva da moralização que incidiu sobre a população do século XIX. Veja as formidáveis campanhas de cristianização junto aos operários que tiveram lugar nesta época. Foi absolutamente necessário constituir o povo como um sujeito moral, portanto, separando-o da delinquência, portanto separando nitidamente o grupo de delinquentes, mostrando-o como perigosos não apenas para os ricos, mas também para os pobres, mostrando-os carregados de todos os vícios e responsáveis pelos maiores perigos.[29]

O sistema penal e a prisão são a forma mais econômica de vigiar e controlar essas pessoas, porque expõem pouco a figura do poder que as controla. O controle é difuso, mas permanente, como pretendia o projeto do panóptico de Bentham. E ao mesmo tempo muito eficiente, pois tais pessoas são vigiadas a todo o momento. A prisão as mantêm nessa vida de ilegalidade que, apesar de nociva e violenta, não ameaça os detentores do poder.

Nesse contexto, Zaffaroni acrescenta que o poder exercido pelo sistema penal não é simplesmente repressor, mas sim configurador, pois os órgãos de reação social realizam o reforço do trabalho já exercido por outras instituições configuradoras de indivíduos (manicômios, asilos, quartéis, hospitais, escolas) que

---

29. Michel Foucault, *Microfísica do poder*, pp. 132-3.

materialmente realizam função semelhante: recrutamento, sequestro, aprisionamento e estigmatização.

> Os órgãos do sistema penal exercem seu poder *militarizador e verticalizador-disciplinar*, quer dizer, seu poder configurador, sobre os setores mais carentes da população e sobre alguns dissidentes (ou diferentes) mais incômodos e significativos.
> A disciplina militarizada tende a ser igual à do quartel: a uniformidade do aspecto externo, o acatamento ao superior, a sensação de que toda a atividade prazerosa é uma concessão da autoridade etc. são evidentemente parte de um exercício de poder configurador e não meramente repressivo. [...]
> A vigilância disciplinar, verticalizante e militarizada da sociedade opera de forma camuflada, impedindo que seja percebida em nível consciente, em toda a sua magnitude. Por isso, em nível consciente, as mesmas pessoas vulneráveis ao sistema penal (os setores carentes e os dissidentes incômodos), se por um lado não sentem temor diante do exercício do poder do sistema penal quando este aparece com sua máscara de repressão do "inimigo", percebem como temível o exercício do poder dos órgãos do sistema penal controlando qualquer conduta realizada em lugar público ou privado.[30] (Grifos no original.)

Nesse contexto de manutenção da desigualdade social e seleção de condutas, há algumas ilegalidades que são toleradas e muito pouco absorvidas pelo sistema penal. São aquelas praticadas pelas classes mais elevadas, os chamados crimes do colarinho branco. E essas ilegalidades são toleradas justamente porque são úteis, pois beneficiam as classes mais altas, as próprias detentoras do poder, e também porque, se fossem diferenciadas pelo sistema penal, as classes dominantes seriam enfraquecidas e sua predominância no poder ficaria fragilizada.

Os crimes do colarinho branco não são perseguidos porque são praticados por membros de uma camada superior da sociedade que detém o poder econômico e político e controla a ideologia oficial do direito penal, bem como os mecanismos

---

30. Eugenio Raúl Zaffaroni, op. cit., pp. 23-5.

de produção do senso comum. São os detentores dos meios de produção que exercem a hegemonia econômica nas sociedades capitalistas. Embora suas condutas estejam previstas como crimes, portanto, tais previsões possuem apenas caráter simbólico, o que termina por legitimar a ampla persecução das condutas cometidas pelos miseráveis, dando uma falsa impressão de igualdade (formal) no tratamento da delinquência pelo Estado.

O direito penal produzido por uma sociedade capitalista tem por fim manter o *status quo* da desigualdade social. Como mecanismo essencial de manutenção da ordem social, ele deve perseguir e punir as camadas mais baixas da sociedade: pessoas marginalizadas, fora do mercado de trabalho. Ao ingressar no sistema penal, restam-lhes duas opções: ou adotam os valores de uma classe dominante e passam a integrar o mercado de trabalho, ou voltam a cometer delitos e retornam à prisão. Em virtude do estigma da prisão, a segunda opção é a mais frequente.

Em razão desse círculo vicioso a que o prisioneiro é integrado, forma-se um estereótipo de criminoso oriundo das camadas mais baixas, enquanto o empresário (sonegador, fraudador do sistema financeiro) dificilmente é identificado como criminoso pela cultura popular. Tais estereótipos têm muita influência, mesmo que inconsciente, na atuação da polícia e dos demais órgãos de seleção de criminosos, pois procuram o delito em pessoas desse perfil.

> Os atos mais grosseiros cometidos por pessoas sem acesso positivo à comunicação social acabam sendo divulgados por esta como os únicos delitos e tais pessoas como os únicos delinquentes. A estes últimos é proporcionado um acesso negativo à comunicação social que contribui para criar um estereótipo no imaginário coletivo. Por tratar-se de pessoas desvaloradas, é possível associar-lhes todas as cargas negativas existentes na sociedade sob a forma de preconceitos, o que resulta numa imagem pública do delinquente com componentes de classe social, étnicos, etários, de gênero e estéticos. O estereótipo acaba sendo o principal critério seletivo da criminalização secundária; daí a existência de certas uniformidades da população penitenciária, associadas a

desvalores estéticos (pessoas feias), que o biologismo criminológico considerou causas do delito quando, na realidade, eram causas da criminalização, embora possam vir a tornarem-se causas do delito quando a pessoa acabe assumindo o papel vinculado ao estereótipo (é o chamado efeito reprodutor da criminalização ou desvio secundário).

A seleção criminalizante secundária conforme ao estereótipo condiciona todo o funcionamento das agências do sistema penal, de tal modo que o mesmo se torna inoperante para qualquer outra clientela, motivo pelo qual é inoperante perante os delitos do poder econômico (os chamados "crimes do colarinho branco") [...], torna-se desconcertado nos casos excepcionais em que há seleção de alguém que não se encaixa nesse quadro (as agências políticas e de comunicação pressionam, os advogados formulam questionamentos aos quais não sabe responder, destinam-se-lhes alojamentos diferenciados nas prisões etc.). Em casos extremos, os próprios clientes não convencionais contribuem para a manutenção das agências, particularmente das cadeias, com o que atinge sua maior contradição.[31]

Todas as constatações de Sutherland confirmam as premissas da criminologia crítica: de um direito penal orientado para a afirmação dos valores das classes economicamente mais fortes, enquanto o problema da pobreza e do abandono social das camadas marginalizadas (produzidas pelo próprio sistema capitalista) é tratado no âmbito penal, como se os desvios nelas ocorridos fossem produto da "anormalidade" de alguns poucos indivíduos que desrespeitam a legislação penal e por isso devem ser retirados do convívio social.

Essa visão é a responsável pelo isolamento do direito penal em relação a outras disciplinas que estudam o fenômeno criminal e pela ineficiência do sistema de justiça criminal na redução da criminalidade e na recuperação dos delinquentes.

---

31. Nilo Batista et al., *Introdução crítica ao direito penal brasileiro*, p. 47.

CAPÍTULO 7. O FUTURO DO ESTUDO CRIMINOLÓGICO

Sobre o objeto da criminologia

Como se pôde constatar, na análise da evolução das teorias criminológicas, o estudo da criminologia se iniciou com a busca da resposta à pergunta: "por que o homem pratica crimes?". Partia-se do pressuposto de que os crimes tinham um conteúdo comum, um sentido ontológico.

Após a elaboração da teoria do *labeling approach*, uma parte dos criminólogos, influenciada pela sociologia do interacionismo simbólico e pela revelação da cifra negra, passou a afastar a ideia de que havia um conteúdo ontológico comum a todos os crimes. Em razão dessa premissa, esses criminólogos elegeram outra pergunta como paradigma de seus estudos: "por que certas condutas são selecionadas do meio social pelos órgãos de reação social e definidas como crimes?".

Atualmente, as pesquisas orientadas pelos paradigmas etiológico e da reação social continuam a se desenvolver simultaneamente[1]. Mesmo que todo crime não carregue consigo uma carga ontológica, podem-se identificar condutas definidas como crime que, por apresentarem características semelhantes, comportam estudos de caráter etiológico (crimes sexuais, tráfico de drogas, homicídios passionais etc.). A criminologia está em tran-

---

1. Nota-se uma predominância do paradigma etiológico nas pesquisas realizadas nos Estados Unidos, enquanto o paradigma da reação social é estudado na Europa, embora se observe nesse continente o crescimento dos estudos etiológicos, representados principalmente pelo neorrealismo de esquerda.

sição. Seu futuro ainda é indefinido. Sobre esse contexto científico, discorre Kuhn:

> A transição de um paradigma em crise para um novo, do qual pode surgir uma nova tradição de ciência normal, está longe de ser um processo cumulativo obtido através de uma articulação do velho paradigma. É antes uma reconstrução da área de estudos a partir de novos princípios, reconstrução que altera algumas das generalizações teóricas mais elementares do paradigma, bem como muitos de seus métodos e aplicações. Durante o período de transição haverá uma grande coincidência (embora nunca completa) entre os problemas que podem ser resolvidos pelo antigo paradigma e os que podem ser resolvidos pelo novo. Haverá igualmente uma diferença decisiva no tocante aos modos de solucionar. Completada a transição, os cientistas terão modificado a sua concepção da área de estudos, de seus métodos e de seus objetivos.[2]

Posto o problema da atual criminologia dessa forma, o estudo macrossociológico do crime do colarinho branco deve enfrentar essa coexistência de paradigmas. Deve-se responder a uma das perguntas: "por que o homem pratica os crimes do colarinho branco?" ou "por que os crimes do colarinho branco não são absorvidos pelo sistema penal?".

Como a resposta a uma pergunta não exclui a possibilidade de resposta à outra, é necessário, na verdade, verificar o que cada uma dessas questões pode revelar sobre os *white collar crimes*. Não há como afirmar que um paradigma está correto e o outro errado, pois olham o fenômeno sob perspectivas diferentes, e por essa razão não podem debater suas propostas entre si. Sobre essa situação, pondera Kuhn:

> A tal ponto – e isto é significativo, embora seja apenas parte da questão – que quando duas escolas científicas discordam sobre o que é um problema e o que é uma solução, elas inevitavelmente travarão um diálogo de surdos ao debaterem os méritos

---

2. Thomas S. Kuhn, *A estrutura das revoluções científicas*, p. 116.

relativos dos respectivos paradigmas. Nos argumentos parcialmente circulares que habitualmente resultam desses debates, cada paradigma revelar-se-á capaz de satisfazer mais ou menos os critérios que dita para si mesmo e incapaz de satisfazer alguns daqueles ditados por seu oponente.[3]

Portanto, ao se analisar as teorias macrossociológicas da criminalidade do colarinho branco, primeiramente é necessário examinar quais conclusões ambas as linhas de pesquisa conseguiram extrair de seus problemas. Ademais, cada paradigma adota uma metodologia distinta para alcançar seus resultados, o que também deve ser considerado. Após essas considerações, será possível concluir se há ou não um paradigma mais adequado ao estudo dos crimes do colarinho branco ou se ambos podem se desenvolver conjuntamente.

Dentre as teorias expostas neste livro, como foi visto, a da anomia orienta-se pelo paradigma etiológico e as do *labeling approach*, conflitual e crítica seguem o paradigma da reação social.

OS CRIMES DO COLARINHO BRANCO NO PARADIGMA ETIOLÓGICO

A pesquisa de caráter etiológico busca identificar as causas do fenômeno, tal qual se faz nas ciências naturais. Embora atualmente seja impossível afirmar a existência de um conteúdo ontológico em todas as condutas previstas como crime (ou um crime natural), é inegável que, ao se olhar para algumas espécies de condutas, podem-se encontrar semelhanças que permitem sua reunião e seu estudo sob a perspectiva etiológica. É o que ocorre com os *white collar crimes*.

Foi essa constatação que levou a criminologia etiológica a formular várias hipóteses a respeito da criminalidade patrimonial, juvenil, do tráfico e porte de drogas, dos crimes sexuais, entre outras. Logicamente, cada espécie de crimes mencionada apre-

---

3. Ibid., p. 144.

senta fatores comuns, responsáveis pela elaboração das diversas teorias sociológicas e psicológicas sobre suas causas.

Os crimes do colarinho branco têm em comum os elementos de sua definição, elaborada por Sutherland, ou seja, são crimes cometidos por pessoas respeitáveis, com elevado *status* social, no exercício de sua profissão. Portanto, a pergunta que se deve formular é: "por que pessoas respeitáveis de elevado *status* social cometem crimes no exercício de suas profissões?".

A pergunta é intrigante quando se pensa no perfil de criminoso que predomina no senso comum. De fato, deve haver um fator distinto da pobreza e da necessidade que leva esses sujeitos a delinquir.

O grande obstáculo da abordagem etiológica dos *white collar crimes*, entretanto, não está na possibilidade de formular seu problema, sua pergunta: está justamente em sua metodologia.

Como se expôs no capítulo 3, as bases da pesquisa etiológica são a busca das causas do problema, a quantificação dos fatos e a neutralidade científica. Dessas três premissas, a quantificação diz respeito à metodologia de pesquisa. A quantificação dos fatos é obtida por meio das estatísticas.

O crime é um fato social. Dessa condição decorre que seu reconhecimento só pode ser realizado por meio da interpretação de condutas ocorridas na sociedade pelo homem e, no caso do crime, pelas instâncias de reação social reconhecidas pelo Estado. Portanto, a existência do fato como um número na estatística depende da atuação do sistema penal.

Esse método se enfraqueceu como base para a formulação de teorias de caráter geral quando se constatou a existência e a extensão (embora não de modo preciso) da cifra negra. Sobre a crise da utilização das estatísticas, destacam Figueiredo Dias e Costa Andrade:

> A utilização das estatísticas para fins científicos está muito condicionada pela sua representatividade, isto é, pela relação que medeia entre a criminalidade registrada e a criminalidade real.
>
> A resposta a esta questão começou por ser francamente otimista. A criminalidade registrada reproduziria, em proporções re-

duzidas, a verdadeira estrutura da criminalidade real, pelo que seria possível, a partir das estatísticas criminais, fazer extrapolações em relação à criminalidade real. [...]

Hoje encaram-se as coisas com maior cepticismo. Há razões para crer que, mais do que uma cópia da criminalidade real, a criminalidade estatística é o resultado de um complexo processo de refração, entre ambas existindo um profundo desajustamento, tanto qualitativo quanto quantitativo.[4]

Se as estatísticas perderam o prestígio como método de aferir a verdade, elas ainda servem para fornecer amostras de algumas espécies de crimes (mesmo que a formulação de teorias gerais a partir de tais amostras seja hoje de validade controversa). Entretanto, quando depara com os *white collar crimes*, nota-se logo de princípio a ausência de dados estatísticos a respeito de tais delitos. Ou seja, a escassez de dados neutros e precisos prejudica a construção de qualquer teoria de fundo etiológico.

Tal problema foi percebido por Sutherland, que tentou, a partir de novos métodos (expostos no capítulo 2), quantificar os crimes do colarinho branco. Foi justamente pelo desvio da metodologia positivista tradicional (neutra) que o autor sofreu as maiores críticas por parte dos demais criminólogos.

Desse contexto resulta um impasse: não há como elaborar uma teoria de fundo etiológico para os crimes do colarinho branco sem antes resolver o problema da reação social, que bloqueia a entrada de tais condutas no sistema penal.

Portanto, a abordagem sobre o paradigma da reação social, hoje, é a única capaz de fornecer conhecimento científico sobre os *white collar crimes*, pois seu objeto é um pressuposto necessário de toda e qualquer tentativa de analisar esses crimes sob a perspectiva etiológica.

---

4. Jorge de Figueiredo Dias e Manoel da Costa Andrade, *Criminologia*: o homem delinquente e a sociedade criminógena, p. 132.

A TEORIA DA ANOMIA

A teoria da anomia, exposta no capítulo 3, segue o paradigma etiológico. Na verdade, essa teoria busca uma causa para todos os delitos[5], como era comum nas teorias etiológicas do começo do século XX.

Dessa forma, a teoria da anomia utilizou-se das estatísticas como meio de obtenção de seus dados. Por tal razão, concentrou sua explicação na criminalidade patrimonial das camadas mais pobres e na criminalidade juvenil de negros e imigrantes e das gangues. Afinal, constituíam a maior parte das amostras analisadas e eram considerados os problemas da sociedade.

Foi a partir desses dados que Merton concluiu que a estrutura social gerava uma pressão em seus membros por sucesso e prosperidade sem que houvesse a mesma pressão para a utilização de meios lícitos para alcançar tal sucesso.

Merton nem chegou, na parte macrossociológica de sua teoria, a examinar os crimes do colarinho branco especificamente. Faz breve menção a tais crimes quando cuida de sua versão microssociológica, a *strain theory*, ocasião em que considera os crimes do colarinho branco uma resposta na modalidade inovação à situação de anomia. Mas ainda duvidava da extensão de tais crimes, considerando-os minoritários.

> Mas quaisquer que sejam as taxas de desvio nos vários estratos sociais, e mesmo sabendo-se que muitas fontes oficiais que mostram altos índices de desvios nas classes mais baixas não são confiáveis, parece-nos que a maior pressão para o desvio é exercida sobre as classes inferiores.[6]

Portanto, Merton nem ao certo sabe se os crimes do colarinho branco estão em situação de anomia.

---

5. Quando se diz "todos os delitos", quer-se dizer todos os delitos que estiverem em situação de anomia (pois os outros são reações individuais normais à formação social). A macrossociologia limita-se a explicar os crimes que em uma sociedade sofrem uma alteração anormal em suas taxas devido a algum fato (político, econômico ou social) que causa desagregação dos indivíduos aos valores coletivos.
6. Robert K. Merton, *Social Theory and Social Structure*, p. 144.

Messner e Rosenfeld tentaram estender a teoria da anomia aos crimes do colarinho branco, por meio da argumentação de que a meta de sucesso financeiro é ilimitada, estando também as classes mais altas pressionadas a obter mais sucesso. Entretanto, ainda que teoricamente tal explicação pareça pertinente e adequada a explicar a criminalidade do colarinho branco, ela não consegue demonstrar, segundo sua própria metodologia (dados estatísticos), se os crimes do colarinho branco estão em estado de anomia nem se há fundamento empírico para comprovar tais alegações. Pois, se é farta a jurisprudência a respeito da criminalidade dos *slums*, nenhuma das afirmações feitas pela teoria da anomia em relação aos *white collar crimes* está lastreada pelo método estatístico, inseparável de uma abordagem etiológica.

Por tudo o que foi exposto, a teoria da anomia, na atual realidade do sistema penal, não consegue aplicar sua metodologia para comprovar a validade de sua teoria para os *white collar crimes*. É necessário resolver previamente o problema eleito pela reação social: "por que tais crimes não são perseguidos pelo sistema penal?".

Os crimes do colarinho branco na perspectiva da reação social

A pergunta que se deve eleger então como orientadora da pesquisa sobre os *white collar crimes* é: "por que os crimes do colarinho branco não ingressam no sistema penal?". Ou seja, a perspectiva da reação social é a mais adequada, ao menos no atual estado da criminologia, para abordar esses crimes.

A criminologia da reação social não enxerga o problema do crime com neutralidade. Por influência do interacionismo simbólico, ela o vê como produto de um processo de eleição de condutas e definição por meio das instâncias oficiais qualificadas para tanto. Afinal, são esses os dados válidos para as estatísticas.

Como tanto a seleção quanto a definição são realizadas por indivíduos, que exercem funções públicas (ou seja, representam o Estado), é impossível dissociar o crime das impressões individuais e políticas. Portanto, sob essa perspectiva, o crime não é um fenômeno neutro.

A partir dessa constatação, a metodologia empregada para a compreensão do fenômeno e a busca da resposta abrange uma análise política e, portanto, com uma carga ideológica, dos processos de seleção e definição.

Sob esses fundamentos se desenvolveram as teorias macrossociológicas do *labeling approach*, conflitual e a criminologia crítica.

O LABELING APPROACH

O *labeling approach* nem chega propriamente a constituir uma teoria, pois não busca responder por que o sistema penal pune algumas condutas e outras não. Mas introduz e descreve, pela primeira vez, a abordagem do crime sob a perspectiva da reação social. Assim, até hoje permanece como um relato sobre a forma de atuação do sistema penal. Vê a criação do delito em duas etapas: a elaboração da norma e a aplicação da lei. A primeira descrição do delito é feita pela norma que o define. Nessa etapa, Becker já destacava o aspecto político da elaboração das leis[7], pois nesse processo intervêm diversos grupos de interesse, prevalecendo aquele mais forte; nem sempre o conteúdo objetivo da norma (a gravidade das condutas) é considerado de forma predominante.

Na segunda etapa ocorre uma seleção da conduta na sociedade, sua inserção em um processo de definição e a rotulação final como criminosa. Todo esse processo é desencadeado de forma predominante por agentes estatais (policiais, promotores, juízes, advogados, agentes penitenciários etc.), que sofrem a influência de seus valores pessoais (ditados principalmente pelo senso comum) e de interesses políticos (já que são parte de um poder que não é neutro e busca sempre se perpetuar).

Essa descoberta já permitiu a Becker uma constatação de fundo etiológico: a circunstância de a rotulação de criminoso

---

7. Ver capítulo 4, "A formação e a aplicação das leis para Becker".

ser, por si só, um fator criminogênico, ou seja, o indivíduo rotulado de criminoso é estigmatizado socialmente de tal forma que é excluído de quaisquer vínculos que propiciem a retomada de uma vida normal. Devido à sua rejeição pela própria sociedade, a grande parte desses indivíduos volta a delinquir (pratica assim o desvio secundário).

O *labeling approach*, dessa maneira, já havia notado algo errado com o discurso que previa a função ressocializadora da pena.

A CRIMINOLOGIA DO CONFLITO

A criminologia do conflito adotou um novo modelo de sociedade, uma sociedade dinâmica, em que convivem interesses distintos e muitas vezes opostos, que estão em constante disputa pela prevalência. Nesse modelo, essa situação de conflito, inerente a qualquer sociedade, é controlada por meio da coação, exercida principalmente pelo sistema penal do Estado.

Desse modo, a criminologia do conflito fortaleceu a base sociológica para a sustentação do *labeling approach*, que até então fundara-se apenas no aspecto das definições do interacionismo simbólico.

Essa visão de grupos em conflito em uma sociedade permitiu um aprimoramento da descrição dos mecanismos de elaboração da lei penal e de sua aplicação, que tinha sido até então apenas introduzido pelo *labeling approach*. Assim, a criminologia do conflito afastou-se do modelo etiológico e passou a trabalhar com o paradigma da reação social.

Quinney afirma que as leis penais descrevem comportamentos que estão em conflito com os interesses dos segmentos da sociedade que têm o poder de formular as políticas públicas. Tais leis são aplicadas por grupos da sociedade aos quais cabe determinar a execução e a administração da lei penal[8].

---

8. Richard Quinney, *The Social Reality of Crime*, pp. 16 e 18.

Dessa forma, a pouca resposta penal aos crimes do colarinho branco deve ser analisada como um fenômeno social. O grupo que está no poder, formado pelas pessoas influentes e das classes mais elevadas, age para desestimular a elaboração de leis penais que prejudiquem seus interesses. Na fase da aplicação da lei, seus interesses não são eleitos como prioridade para a perseguição policial e, nos escassos casos que ingressam no sistema penal, são beneficiadas pela legislação em geral, além de serem processadas e julgadas por agentes que se identificam ou se aproximam de sua classe social.

O direito penal não é neutro, mas um instrumento político de manutenção do poder.

A CRIMINOLOGIA CRÍTICA

A criminologia crítica percebeu que o direito penal era um instrumento de poder, mas não se conformou em aceitar a realidade de tal modo, como ocorreu com a criminologia do conflito. Procurou entender como funciona esse instrumento de poder de modo detalhado e concluiu que ele atuava de forma tão diversa do que se propunha oficialmente que perdeu sua legitimidade.

A deslegitimação do sistema penal, nos modelos de Foucault, Baratta e Zaffaroni, identifica uma função oficial e uma função latente do direito penal. Sua função oficial é proteger bens jurídicos e aplicar uma pena que reprima o delinquente e ao mesmo tempo busque recuperá-lo. No entanto, o sistema penal atua com alta margem de ineficiência, a qual não é produto de uma crise: ela é permanente, inerente ao direito penal.

Foucault mostra que o direito penal se concentra em indivíduos excluídos e da classe social mais baixa (e seus delitos característicos) como estratégia de controle e vigilância minuciosa de pessoas que, por serem numericamente superiores, se organizadas poderiam representar um perigo à classe social dominante. O direito penal atua dentro dessa racionalidade, embora de forma oculta e silenciosa, como uma estratégia de economia do poder.

Baratta demonstra como cada princípio do discurso oficial do direito penal foi fatalmente afetado pelas teorias criminológicas, ou seja, os princípios do bem e do mal, da culpabilidade, da legitimidade, da igualdade, do interesse social e da prevenção. Então, mesmo teoricamente, se o direito penal fosse estudado de forma concomitante com a criminologia, teria sido possível perceber como seus objetivos e seus fundamentos foram afastados pela psicologia, pela medicina e pela sociologia. Entretanto, o direito penal afastou-se dos estudos feitos em outros campos e permanece sobre uma base fictícia, com validade apenas para seu sistema, distante cada vez mais da realidade.

Zaffaroni estuda a realidade do funcionamento do sistema penal principalmente na América Latina. Nota que é um sistema seletivo, desigual, violento, reprodutor da delinquência e que gera muita morte e sofrimento. A realidade latino-americana mostra de maneira mais evidente como a polícia mata, como a justiça é lenta e transforma prisões provisórias em condenações antecipadas e liberdades provisórias em garantia de impunidade; e, por fim, as prisões são locais superlotados e sem a mínima condição digna de sobrevivência, sem condições de trabalho ou recuperação, pois isolam o homem da sociedade e o inserem em uma comunidade em que impera a violência, a delinquência, a revolta e o estigma.

A punição efetiva dos delitos do colarinho branco não se justifica nessa lógica, pois seus autores são os detentores do poder, e não aqueles que precisam ser controlados. Um sistema que visa separar e estigmatizar não foi feito para eles; sua escassa aplicação nesse campo serve apenas para legitimar sua existência e a ampla aplicação nas camadas mais baixas. A prisão raramente é aplicada, mesmo em casos de condenações aos autores de *white collar crimes*.

O PONTO DE PARTIDA

De tudo, o que se pôde observar é que a criminologia tradicional permanece importante, mas passou por um processo de renascimento, de reconhecimento da importância de olhar para si mesma – para o sistema penal como objeto de conhecimento e crítica.

Antes de se apresentar respostas para as causas do crime do colarinho branco, deve-se estudar a razão das falhas em sua persecução penal e, consequentemente, de sua ausência nas estatísticas. Esse estudo será fundamental para que haja matéria-prima suficiente para qualquer análise a respeito das causas dessa criminalidade e para a elaboração da política criminal adequada para combatê-la. Sem isso, qualquer conclusão estaria sujeita à deslegitimação, diante da escassez de dados.

Faz-se necessário, de imediato, portanto, o aprofundamento no estudo do sistema de reação social e seu aprimoramento, de forma que não se torne apenas um instrumento de repressão de classes mais baixas, mas sim que alcance, de forma proporcional, todas as classes sociais.

Essa abertura científica constitui o maior desafio da criminologia no presente e, talvez, a maior esperança para a redução e distribuição mais justa desse mal que conhecemos como direito penal.

BIBLIOGRAFIA

AKERS, Ronald L. *Criminological Theories*: Introduction and Evaluation. 2. ed. Los Angeles: Roxbury Publishing Company, 1997.
ANDRADE, Vera Regina Pereira de. *Dogmática jurídica*: escorço de sua configuração e identidade. 2. ed. Porto Alegre: Livraria do Advogado, 2003.
———. *A ilusão da segurança jurídica*: do controle da violência à violência do controle penal. 2. ed. Porto Alegre: Livraria do Advogado, 2003.
———. *Sistema penal máximo x cidadania mínima*: códigos da violência na era da globalização. Porto Alegre: Livraria do Advogado, 2003.
ASSOUN, Paul-Laurent. *A Escola de Frankfurt*. Trad. Helena Cardoso. São Paulo: Ática, 1991.
BARATTA, Alessandro. "Criminología y dogmática penal: pasado y futuro del modelo integral de la ciencia penal". In: MIR PUIG, Santiago (org.). *Política criminal y reforma del derecho penal*. Trad. Roberto Bergalli. Bogotá: Temis, 1982, pp. 28-63.
———. *Criminologia crítica e crítica do direito penal*: introdução à sociologia do direito penal. 3. ed. Trad. Juarez Cirino dos Santos. Rio de Janeiro: Revan, 2002.
———. *Criminología y sistema penal*. Montevidéu-Buenos Aires: B de F, 2004.
BATISTA, Nilo et al. *Introdução crítica ao direito penal brasileiro*. 5. ed. Rio de Janeiro: Revan, 2001.
BAUMAN, Zigmunt. *O mal-estar da pós-modernidade*. Trad. Mauro Gama e Cláudia Martinelli Gama. Rio de Janeiro: Jorge Zahar, 1998.
———. *Modernidade líquida*. Trad. Plínio Dentzien. Rio de Janeiro: Jorge Zahar, 2001.

BAUMAN, Zigmunt. *Vidas desperdiçadas*. Trad. Carlos Alberto Medeiros. Rio de Janeiro: Jorge Zahar, 2005.

BECCARIA, Cesare. *Dos delitos e das penas*. 2. ed. Trad. Lucia Guidicini e Alessandro Berti Contessa. São Paulo: Martins Fontes, 1997.

BECKER, Howard S. *The Outsiders*: Studies in the Sociology of Deviance. Nova York: The Free Press, 1997.

BERISTAIN, Antonio. *Nova criminologia à luz do direito penal e da vitimologia*. Trad. Cândido Furtado Maia Neto. Brasília: Universidade de Brasília; São Paulo: Imprensa Oficial do Estado, 2000.

BIRNBAUN, Norman. *A crise da sociedade industrial*. Trad. Octavio Mendes Cajado. São Paulo: Cultrix, 1969.

CALDEIRA, Teresa. *Cidade de muros*: crime, segregação e cidadania em São Paulo. São Paulo: Editora 34/Edusp, 2000.

CASTILHO, Ela Wieko V. de. *O controle penal nos crimes contra o sistema financeiro*. Belo Horizonte: Del Rey, 1998.

CASTRO, Lola Aniyar de. *Criminologia da reação social*. Trad. Ester Koslosvski. Rio de Janeiro: Forense, 1983.

CASTRO, Ana Maria de; DIAS, Edmundo Fernandes (orgs.). *Introdução ao pensamento sociológico*. São Paulo: Centauro, 2001 (coletânea de textos de Émile Durkheim, Max Weber, Karl Marx e Talcott Parsons).

COSER, Lewis A. *The Functions of Social Conflict*. Nova York: The Free Press, 1956.

CROAL, Hazel. *Understanding White Collar Crime*. Filadélfia: Open University Press, 2001.

CULLEN, Francis T.; AGNEW, Robert. *Criminological Theory*: Past to Present (Essential Readings). 2. ed. Los Angeles: Roxbury Publishing Company, 2003.

CUÑARRO, Miguel Langon. *Criminología sociológica*: el interacionismo simbólico, estudios de etnometodologia, las teorias del conflicto. Montevidéu: Fundación de Cultura Universitaria, 1992.

DAHRENDORF, Ralf. *Class and Class Conflict in Industrial Society*. Stanford: Stanford University Press, 1959.

_____. *Essays in the Theory of Society*. Stanford: Stanford University Press, 1968.

DELMAS-MARTY, Mireille. *Os grandes sistemas de política criminal*. Trad. Denise Radanovic Vieira. Barueri: Manole, 2004.

DIAS, Jorge de Figueiredo; ANDRADE, Manoel da Costa. *Criminologia*: o homem delinquente e a sociedade criminógena. Coimbra: Coimbra Editora, 1997.

DOWNES, David; ROCK, Paul. *Understanding Deviance*: a Guide to the Sociology of Crime and Rule Breaking. 2. ed. Oxford: Claredon Press, 1995.

DURKHEIM, Émile. *As regras do método sociológico*. 3. ed. Trad. Maria Isaura Pereira de Queiroz. São Paulo: Nacional, 1963.

―――. *Da divisão do trabalho social*. 2. ed. Trad. Eduardo Brandão. São Paulo: Martins Fontes, 1999.

―――. *O suicídio*: estudo de sociologia. Trad. Monica Stahel. São Paulo: Martins Fontes, 2000.

ELBERT, Carlos Alberto. *Criminologia latino-americana*: teoria e propostas sobre o controle social do terceiro milênio. São Paulo: LTr, 2000.

―――. *Manual básico de criminologia*. Trad. Ney Fayet Júnior. Porto Alegre: Ricardo Lenz Editor, 2003.

FERRI, Enrico. *Sociologie criminelle*. Paris: Arthur Rousseau, 1893.

FOUCAULT, Michel. *Microfísica do poder*. 14. ed. Trad. Roberto Machado. Rio de Janeiro: Graal, 1999.

―――. *Vigiar e punir*: nascimento da prisão. 28. ed. Trad. Raquel Ramalhete. Petrópolis: Vozes, 2004.

FREITAS, Wagner Cinelli de Paula. *Espaço urbano e criminalidade*: lições da escola de Chicago. São Paulo: Método, 2004.

FREUD, Sigmund. *Totem e tabu*. Trad. Órizon Carneiro Muniz. Rio de Janeiro: Imago, 1999.

GALLINO, Luciano (org.). *Dicionário de sociologia*. São Paulo: Paulus, 2005.

GARCÍA-PABLOS DE MOLINA, Antonio. *Problemas actuales de la criminología*. Madri: Publicaciones del Instituto de Criminología de la Universidad Complutense de Madrid, 1984.

―――. *Tratado de criminología*. 2. ed. Valencia: Tirant Lo Blanch, 1999.

GAROFALO, Rafael. *Criminologia*. Turim: Fratelli Bocca, 1885.

GIDDENS, Anthony. *As consequências da modernidade*. Trad. Raul Fiker. São Paulo: Unesp, 1991.

GOFFMAN, Erving. *Manicômios, prisões e conventos*. Trad. Dante Moreira Leite. São Paulo: Perspectiva, 1974.

―――. *Estigma*: notas sobre a manipulação da identidade deteriorada. 4. ed. Trad. Márcia Bandeira de Mello Leite Nunes. Rio de Janeiro: Zahar, 1982.

HASSEMER, Winfried; MUÑOZ CONDE, Francisco. *Introducción a la criminología*. Valencia: Tirant Lo Blanch, 2001.

HIRSCHI, Travis. "Social Bond Theory". In: CULLEN, Francis T.; AGNEW, Robert. *Criminological Theory:* Past to Present. 2. ed. Los Angeles: Roxbury Publishing Company, 2003, pp. 213-39.
HULSMAN, Louk. "El enfoque abolicionista: políticas criminales alternativas". In: *Criminología crítica y control social*. Trad. Enrique Andrés Font. Rosário: Juris, v. 1, 2000, pp. 75-104.
JACOBY, Joseph E. *Classics of Criminology*. 3. ed. Long Grove: Waveland Press, 2004.
KUHN, Thomas S. *A estrutura das revoluções científicas*. 5. ed. Trad. Beatriz Vianna Boeira e Nelson Boeira. São Paulo: Perspectiva, 1998.
LEMERT, Edwin M. *Social Pathology*: a Sistematic Approach to the Theory of Sociopathic Behavior. Nova York: McGraw-Hill, 1951.
———. "Primary and Secondary Deviance". In: CULLEN, Francis T.; AGNEW, Robert. *Criminological Theory*: Past to Present. 2. ed. Los Angeles: Roxbury Publishing Company, 2003, pp. 304-7.
LYRA, Roberto; ARAÚJO JÚNIOR, João Marcello de. *Criminologia*: de acordo com a Constituição de 1988. 2. ed. Rio de Janeiro: Forense, 1990.
LOMBROSO, Cesare. *L'Homme criminel*. 2. ed. Paris: Félix Alcan, 1887.
MAIA, Rui Leandro (org.). *Dicionário de sociologia*. Porto: Porto Editora, 2002.
MANNHEIM, Hermann. *Criminologia comparada*. Trad. J. F. Faria Costa e M. Costa Andrade. Lisboa: Fundação Calouste Gulbenkian, 1984, v. 1 e 2.
MARQUES, Oswaldo Henrique Duek. *Fundamentos da pena*. 2. ed. São Paulo: WMF Martins Fontes, 2008.
MARX, Karl. *Karl Marx*: sociologia. Trad. Maria Elisa Mascarenhas, Ione de Andrade e Fausto N. Pellegrini. São Paulo: Ática, 1980 (coletânea de textos de Karl Marx organizada por Octavio Ianni).
———; ENGELS, Friedrich. "A ideologia alemã". In: CASTRO, Ana Maria de; DIAS, Edmundo Fernandes (orgs.). *Introdução ao pensamento sociológico*. São Paulo: Centauro, 2001 (coletânea de textos de Émile Durkheim, Max Weber, Karl Marx e Talcott Parsons).
MEAD, George H. *Espíritu, persona y sociedad*: desde el punto de vista del conductivismo social. Trad. Florial Mazía. Buenos Aires: Editorial Paidós, 1953.
MELOSSI, Dario; PAVARINI, Massimo. *Cárcere e fábrica*: as origens do sistema penitenciário (séculos XVI-XIX). Trad. Sérgio Lamarão. Rio de Janeiro: Revan, 2006.

MERTON, Robert K. *Social Theory and Social Structure*. 2. ed. Londres: Free Press, 1957.
MESSNER, Steven F.; ROSENFELD, Richard. *Crime and the American Dream*. 3. ed. Belmont, CA: Wadsworth –Thomson Learning, 2001.
MUÑOZ CONDE, Francisco. *Direito penal e controle social*. Rio de Janeiro: Forense, 2005.
OLMO, Rosa Del. *A América Latina e sua criminologia*. Trad. Francisco Eduardo Pizzolante e Sylvia Moretzsohn. Rio de Janeiro: Revan, 2004.
PARSONS, Talcott. "The Law and Social Control". In: EVAN, William M. *Law and Sociology*: Exploratory Essays. Nova York: Free Press, 1962, pp. 210-50.
―――. "The Social System". In: CASTRO, Ana Maria de; DIAS, Edmundo Fernandes (orgs.). *Introdução ao pensamento sociológico*. São Paulo: Centauro, 2001 (coletânea de textos de Émile Durkheim, Max Weber, Karl Marx e Talcott Parsons).
PASSAS, Nikos; AGNEW, Robert (orgs.). *The Future of Anomie Theory*. Boston: Northeastern University Press, 1997.
PASUKANIS, Eugeny Bronislanovich. *Teoria geral do direito e o marxismo*. Trad. Paulo Bessa. Rio de Janeiro: Renovar, 1989.
QUINNEY, Richard. *The Social Reality of Crime*. New Brunswick: Transaction Publishers, 2004.
―――. *Class, State and Crime*. 2. ed. Nova York: Longman, 1980.
RADZINOWICZ, Leon. *Où en est la criminologie*. Paris: Éditions Cujas, 1965.
RAUTER, Cristina. *Criminologia e subjetividade no Brasil*. Rio de Janeiro: Revan, 2003.
RECKLESS, Walter C. "Containment Theory". In: CULLEN, Francis T.; AGNEW, Robert. *Criminological Theory*: Past to Present. 2. ed. Los Angeles: Roxbury Publishing Company, 2003, pp. 227-30.
RUSCHE, Georg; KIRCHHEIMER, Otto. *Punição e estrutura social*. 2. ed. Trad. Gizlene Neder. Rio de Janeiro: Revan, 2004.
SABADELL, Ana Lucia. *Manual de sociologia jurídica*. Introdução a uma leitura externa do direito. 3. ed. São Paulo: Revista dos Tribunais, 2005.
SANTOS, Boaventura de Souza. *Introdução a uma ciência pós-moderna*. São Paulo: Graal, 1989.
SANTOS, Cláudia Maria Cruz. *O crime do colarinho branco*: da origem do conceito e sua relevância criminológica à questão da desigualdade na administração da justiça penal. Coimbra: Coimbra Ed., 2001.

SANTOS, Juarez Cirino dos. *A criminologia radical*. Rio de Janeiro: Forense, 1981.
SCHUR, Edwin M. *Labeling Deviant Behavior*: its Sociological Implications. Nova York: Harper & Row, 1971.
———; BEDAU, Hugo Adam. *Victimless Crimes*. Two Sides of a Controversy. Englewood Cliffs: Prentice Hall, 1974.
SHAW, Clifford R.; McKAY, Henry D. *Juvenile Delinquency and Urban Areas*. 2. ed. Chicago: The University of Chicago Press, 1969.
SHOVER, Neal; WRIGHT, John Paul (orgs.). *Crimes of Privilege*. Readings in White Collar Crime. Nova York: Oxford University Press, 2001.
SUTHERLAND, Edwin H. *White Collar Crime*: the Uncut Version. Yale: Yale University Press, 1983.
———. "White Collar Criminality". In: *American Sociological Review*, s. l., v. 5, n. 1, pp. 1-12, fev. 1940.
———; CRESSEY, Donald R. "A Theory of Differential Association". In: CULLEN, Francis T.; AGNEW, Robert. *Criminological Theory*: Past to Present. 2. ed. Los Angeles: Roxbury Publishing Company, 2003, pp. 131-4.
SYKES, Gresham M.; MATZA, David. Techniques of Neutralization. In: CULLEN, Francis T.; AGNEW, Robert. *Criminological Theory*: Past to Present. 2. ed. Los Angeles: Roxbury Publishing Company, 2003, pp. 135-41.
TARDE, Gabriel. *La Philosophie Pénale*. 4. ed. Paris: A. Storck & Cie., 1903.
TAYLOR, Ian; WALTON, Paul; YOUNG, Jock. *The New Criminology*: for a Social Theory of Deviance. Londres: Routledge, 1996.
THOMPSON, Augusto. *Quem são os criminosos*: o crime e o criminoso: entes políticos. Rio de Janeiro: Lumen Juris, 1998.
VOLD, Georg D.; BERNARD, Thomas J.; SNIPES, Jeffrey B. *Theoretical Criminology*. 5. ed. Oxford: Oxford University Press, 2002.
WACQUANT, Loïc. *As prisões da miséria*. Trad. André Telles. Rio de Janeiro: Jorge Zahar, 2001.
YOUNG, Jock. El fracaso de la criminología: la necesidad de un realismo radical. Trad. Ramiro Sagarduy. In: *Criminología crítica y control social*. Rosário: Juris, 2000, v. 1, pp. 7-41.
———. *A sociedade excludente*: exclusão social, criminalidade e diferença na modernidade recente. Trad. Renato Aguiar. Rio de Janeiro: Revan, 2002.

ZAFFARONI, Eugenio Raúl. "Derechos humanos y sistemas penales en América Latina". In: *Criminología crítica y control social.* Rosário: Juris, 2000, v. 1, pp. 63-74.

———. *Em busca das penas perdidas.* 5. ed. Trad. Vânia Romano Pedrosa e Amir Lopes da Conceição. Rio de Janeiro: Revan, 2001.

———. *Criminología*: aproximación desde un margen. Bogotá: Temis, 2003.

———; BATISTA, Nilo; ALAGIA, Alejandro et al. *Direito penal brasileiro – I.* 2. ed. Rio de Janeiro: Revan, 2003.

Cromosete
Gráfica e editora ltda.
Impressão e acabamento
Rua Uhland, 307
Vila Ema-Cep 03283-000
São Paulo - SP
Tel/Fax: 011 2154-1176
adm@cromosete.com.br